Inibição, sintoma e medo

Livros de Freud publicados pela **L**&**PM** EDITORES

Além do princípio de prazer
Compêndio da psicanálise
Da história de uma neurose infantil [O Homem dos Lobos]
Fragmento de uma análise de histeria [O caso Dora]
Inibição, sintoma e medo
A interpretação dos sonhos
O futuro de uma ilusão
O homem Moisés e a religião monoteísta
O mal-estar na cultura
Psicologia das massas e análise do eu
Sobre a psicopatologia da vida cotidiana
Totem e tabu

L&**PM**CLÁSSICOS**MODERNOS**
O futuro de uma ilusão seguido de *O mal-estar na cultura*

Série Ouro:
A interpretação dos sonhos

Livros relacionados
Freud – Chantal Talagrand e René Major
  (**L**&**PM** POCKET Biografias)
A interpretação dos sonhos (MANGÁ)
Sigmund Freud – Paulo Endo e Edson Sousa
  (**L**&**PM** POCKET **ENCYCLOPAEDIA**)

SIGMUND FREUD

Inibição, sintoma e medo

Tradução do alemão de Renato Zwick
Revisão técnica e prefácio de Márcio Seligmann-Silva
Ensaio biobibliográfico de Paulo Endo e Edson Sousa

L&PM EDITORES

Texto de acordo com a nova ortografia.

Título original: *Hemmung, Symptom und Angst*

Tradução: Renato Zwick
Tradução baseada no vol. 6 da *Freud-Studienausgabe*, 5. ed. corrigida, Frankfurt am Main: Fischer, 1982
Revisão técnica e prefácio: Márcio Seligmann-Silva
Ensaio biobibliográfico: Paulo Endo e Edson Sousa

1ª edição publicada pela L&PM Editores: inverno de 2016
Esta reimpressão: verão de 2020
Também disponível na Coleção L&PM POCKET (2018)

Capa: Ivan Pinheiro Machado sobre foto de Sigmund Freud.
Preparação: Patrícia Yurgel
Revisão: Lia Cremonese

CIP-Brasil. Catalogação na publicação
Sindicato Nacional dos Editores de livros, RJ

F942i

Freud, Sigmund, 1856-1939
    Inibição, sintoma e medo / Sigmund Freud; tradução Renato Zwick; revisão técnica e prefácio de Márcio Seligmann-Silva; ensaio biobibliográfico de Paulo Endo, Edson Sousa. – Porto Alegre, RS: L&PM, 2020.
    176 p. ; 21 cm.

Tradução de: *Hemmung, Symptom und Angst*
ISBN 978-85-254-3432-6

1. Psicanálise. 2. Medo - Angústia. I. Título.

16-33993   CDD: 150.1952
                        CDU: 159.964.2

© da tradução, ensaios e notas, L&PM Editores, 2016

Todos os direitos desta edição reservados a L&PM Editores
Rua Comendador Coruja, 314, loja 9 – Floresta – 90.220-180
Porto Alegre – RS – Brasil / Fone: 51.3225.5777
Pedidos & Depto. comercial: vendas@lpm.com.br
Fale conosco: info@lpm.com.br
www.lpm.com.br

Impresso no Brasil
Verão de 2020

Sumário

Itinerário para uma leitura de Freud
Paulo Endo e Edson Sousa 7

Prefácio – A cultura e a psicologia do medo
Márcio Seligmann-Silva 19

Inibição, sintoma e medo
    Capítulo I 41
    Capítulo II 48
    Capítulo III 57
    Capítulo IV 63
    Capítulo V 78
    Capítulo VI 90
    Capítulo VII 97
    Capítulo VIII 108
    Capítulo IX 126
    Capítulo X 135
    Capítulo XI 145
    Bibliografia 169

Colaboradores desta edição 171

Itinerário para uma leitura de Freud
Paulo Endo e Edson Sousa

Freud não é apenas o pai da psicanálise, mas o fundador de uma forma muito particular e inédita de produzir ciência e conhecimento. Ele reinventou o que se sabia sobre a alma humana (a psique), instaurando uma ruptura com toda a tradição do pensamento ocidental, a partir de uma obra em que o pensamento racional, consciente e cartesiano perde seu lugar exclusivo e egrégio. Seus estudos sobre a vida inconsciente, realizados ao longo de toda a sua vasta obra, são hoje referência obrigatória para a ciência e para a filosofia contemporâneas. Sua influência no pensamento ocidental é não só inconteste como não cessa de ampliar seu alcance, dialogando com e influenciando as mais variadas áreas do saber, como a filosofia, as artes, a literatura, a teoria política e as neurociências.

Sigmund Freud (1856-1939) nasceu em Freiberg (atual Příbor), na região da Morávia, hoje parte da República Tcheca, mas àquela época parte do Império Austríaco. Filho de Jacob Freud e de sua terceira esposa, Amália Freud, teve nove irmãos – dois do primeiro casamento do pai e sete do casamento entre seu pai e sua mãe. Sigmund era o filho mais velho de oito irmãos e era sabidamente adorado pela mãe, que o chamava de "meu Sigi de ouro".

Em 1860, Jacob Freud, comerciante de lãs, mudou-se com a família para Viena, cidade onde Sigmund Freud residiria até quase o fim da vida, quando teria de se exilar em Londres, fugindo da perseguição nazista. De família pobre, formou-se em medicina em 1882. Devido a sua precária situação financeira, decidiu ingressar imediatamente na clínica médica em vez de se dedicar à pesquisa, uma de suas grandes paixões. À medida que se estabelecia como médico, pôde pensar em propor casamento para Martha Bernays. Casaram-se em 1886 e tiveram seis filhos: Mathilde, Martin, Oliver, Ernst, Sophie e Anna.

Embora o pai tenha lhe transmitido os valores do judaísmo, Freud nunca seguiu as tradições e os costumes religiosos; ao mesmo tempo, nunca deixou de se considerar um judeu. Em algumas ocasiões, atribuiu à sua origem judaica o fato de resistir aos inúmeros ataques que a psicanálise sofreu desde o início (Freud aproximava a hostilidade sofrida pelo povo judeu ao longo da história às críticas virulentas e repetidas que a clínica e a teoria psicanalíticas receberam). A psicanálise surgiu afirmando que o inconsciente e a sexualidade eram campos inexplorados da alma humana, na qual repousava todo um potencial para uma ciência ainda adormecida. Freud assumia, assim, seu propósito de remar contra a maré.

Médico neurologista de formação, foi contra a própria medicina que Freud produziu sua primeira ruptura epistêmica. Isto é: logo percebeu que as pacientes histéricas, afligidas por sintomas físicos sem causa aparente, eram, não raro, tratadas com indiferença médica e negligência no ambiente hospitalar. A histeria pedia, portanto, uma nova inteligibilidade, uma nova ciência.

A característica, muitas vezes espetacular, da sintomatologia das pacientes histéricas de um lado e, de outro, a impotência do saber médico diante desse fenômeno impressionaram o jovem neurologista. Doentes que apresentavam paralisia de membros, mutismo, dores, angústia, convulsões, contraturas, cegueira etc. desafiavam a racionalidade médica, que não encontrava qualquer explicação plausível para tais sintomas e sofrimentos. Freud então se debruçou sobre essas pacientes; porém, desde o princípio buscava as raízes psíquicas do sofrimento histérico e não a explicação neurofisiológica de tal sintomatologia. Procurava dar voz a tais pacientes e ouvir o que tinham a dizer, fazendo uso, no início, da hipnose como técnica de cura.

Em 1895, é publicado o artigo inaugural da psicanálise: *Estudos sobre a histeria*. O texto foi escrito com o médico Josef Breuer (1842-1925), o primeiro parceiro de pesquisa de Freud. Médico vienense respeitado e erudito, Breuer reconhecera em Freud um jovem brilhante e o ajudou durante anos, entre 1882 e 1885, inclusive financeiramente. *Estudos sobre a histeria* é o único material que escreveram juntos e já evidencia o distanciamento intelectual entre ambos. Enquanto Breuer permanecia convicto de que a neurofisiologia daria sustentação ao que ele e Freud já haviam observado na clínica da histeria, Freud, de outro modo, já estava claramente interessado na raiz sexual das psiconeuroses – caminho que perseguiu a partir do método clínico ao reconhecer em todo sintoma psíquico uma espécie de hieróglifo. Escreveu certa vez: "O paciente tem sempre razão. A doença não deve ser para ele um objeto de desprezo, mas, ao contrário, um adversário respeitável, uma parte do seu ser que tem boas razões de existir e que lhe deve permitir obter ensinamentos preciosos para o futuro".

Em 1899, Freud estava às voltas com os fundamentos da clínica e da teoria psicanalíticas. Não era suficiente postular a existência do inconsciente, uma vez que muitos outros antes dele já haviam se referido a esse aspecto desconhecido e pouco frequentado do psiquismo humano. Tratava-se de explicar seu dinamismo e de estabelecer as bases de uma clínica que tivesse o inconsciente como núcleo. Há o inconsciente, mas como ter acesso a ele?

Foi nesse mesmo ano que Freud finalizou aquele que é, para muitos, o texto mais importante da história da psicanálise: *A interpretação dos sonhos*. A edição, porém, trazia a data de 1900. Sua ambição e intenção ao usar como data de publicação o ano seguinte era a de que esse trabalho figurasse como um dos mais importantes do século XX. De fato, *A interpretação dos sonhos* é hoje um dos mais relevantes textos escritos no referido século, ao lado de *A ética protestante e o "espírito" do capitalismo*, de Max Weber, *Tractatus Logico-Philosophicus*, de Ludwig Wittgenstein, e *Origens do totalitarismo*, de Hannah Arendt.

Nesse texto, Freud propõe uma teoria inovadora do aparelho psíquico, bem como os fundamentos da clínica psicanalítica, única capaz de revelar as formações, tramas e expressões do inconsciente, além da sintomatologia e do sofrimento que correspondem a essas dinâmicas. *A interpretação dos sonhos* revela, portanto, uma investigação extensa e absolutamente inédita sobre o inconsciente. Tudo isso a partir da análise e do estudo dos sonhos, a manifestação psíquica inconsciente por excelência. Porém, seria preciso aguardar um trabalho posterior para que fosse abordado o papel central da sexualidade na formação dos sintomas neuróticos.

Foi um desdobramento necessário e natural para Freud a publicação, em 1905, de *Três ensaios sobre a teoria da sexualidade*. A apresentação plena das suas hipóteses fundamentais sobre o papel da sexualidade na gênese da neurose (já noticiadas nos *Estudos sobre a histeria*) pôde, enfim, vir à luz, com todo o vigor do pensamento freudiano e livre das amarras de sua herança médica e da aliança com Breuer.

A verdadeira descoberta de um método de trabalho capaz de expor o inconsciente, reconhecendo suas determinações e interferindo em seus efeitos, deu-se com o surgimento da clínica psicanalítica. Antes disso, a nascente psicologia experimental alemã, capitaneada por Wilhelm Wundt (1832-1920), esmerava-se em aprofundar exercícios de autoconhecimento e autorreflexão psicológicos denominados de introspeccionismo. A pergunta óbvia elaborada pela psicanálise era: como podia a autoinvestigação esclarecer algo sobre o psiquismo profundo, tendo sido o próprio psiquismo o que ocultou do sujeito suas dores e sofrimentos? Por isso a clínica psicanalítica propõe-se como uma fala do sujeito endereçada à escuta de um outro (o psicanalista).

A partir de 1905, a clínica psicanalítica se consolidou rapidamente e se tornou conhecida em diversos países, despertando o interesse e a necessidade de traduzir os textos de Freud para outras línguas. Em 1910, a psicanálise já ultrapassara as fronteiras da Europa e começava a chegar a países distantes como Estados Unidos, Argentina e Brasil. Discípulos de outras partes do mundo se aproximavam da obra freudiana e do movimento psicanalítico.

Desde muito cedo, Freud e alguns de seus seguidores reconheceram que a teoria psicanalítica tinha um alcance capaz de iluminar dilemas de outras áreas do conhecimento além daqueles observados na clínica. Um dos primeiros textos fundamentais nesta direção foi *Totem e tabu: algumas correspondências entre a vida psíquica dos selvagens e a dos neuróticos*, de 1913. Freud afirmou que *Totem e tabu* era, ao lado de *A interpretação dos sonhos*, um dos textos mais importantes de sua obra e o considerou uma contribuição para o que ele chamou de psicologia dos povos. De fato, nos grandes textos sociais e políticos de Freud há indicações explícitas a *Totem e tabu* como sendo o ponto de partida e fundamento de suas teses. É o caso de *Psicologia das massas e análise do eu* (1921), *O futuro de uma ilusão* (1927), *O mal-estar na cultura* (1930) e *O homem Moisés e a religião monoteísta* (1939).

O período em que Freud escreveu *Totem e tabu* foi especialmente conturbado, sobretudo porque estava sendo gestada a Primeira Guerra Mundial, que eclodiria em 1914 e duraria até 1918. Esse episódio histórico foi devastador para Freud e o movimento psicanalítico, esvaziando as fileiras dos pacientes que procuravam a psicanálise e as dos próprios psicanalistas. Importantes discípulos freudianos, como Karl Abraham e Sándor Ferenczi, foram convocados para o front, e a atividade clínica de Freud foi praticamente paralisada, o que gerou dissabores extremos à sua família devido à falta de recursos financeiros. Foi nesse período que

Freud escreveu alguns dos textos mais importantes do que se costuma chamar a primeira fase da psicanálise (1895-1914). Esses trabalhos foram por ele intitulados de "textos sobre a metapsicologia", ou textos sobre a teoria psicanalítica.

Tais artigos, inicialmente previstos para perfazerem um conjunto de doze, eram parte de um projeto que deveria sintetizar as principais posições teóricas da ciência psicanalítica até então. Em apenas seis semanas, Freud escreveu os cinco artigos que hoje conhecemos como uma espécie de apanhado denso, inovador e consistente de metapsicologia. São eles: "Pulsões e destinos da pulsão", "O inconsciente", "O recalque", "Luto e melancolia" e "Complemento metapsicológico à doutrina dos sonhos". O artigo "Para introduzir o narcisismo", escrito em 1914, junta-se também a esse grupo de textos. Dos doze artigos previstos, cinco não foram publicados, apesar de Freud tê-los concluído: ao que tudo indica, ele os destruiu. (Em 1983, a psicanalista e pesquisadora Ilse Grubrich-Smitis encontrou um manuscrito de Freud, com um bilhete anexado ao discípulo e amigo Sándor Ferenczi, em que identificava "Visão geral das neuroses de transferência" como o 12º ensaio da série sobre metapsicologia. O artigo foi publicado em 1985 e é o sétimo e último texto de Freud sobre metapsicologia que chegou até nós.)

Após o final da Primeira Guerra e alguns anos depois de ter se esmerado em reapresentar a psicanálise em seus fundamentos, Freud publica, em 1920, um artigo avassalador intitulado *Além do princípio de prazer*. Texto revolucionário, admirável e ao mesmo tempo mal aceito e mal digerido até hoje por muitos psicanalistas, desconfortáveis com a proposição de uma pulsão (ou impulso, conforme se preferiu na presente tradução) de morte autônoma e independente das pulsões de vida. Nesse artigo, Freud refaz os alicerces da teoria psicanalítica ao propor novos fundamentos para a teoria das pulsões. A primeira teoria das pulsões apresentava duas energias psíquicas como sendo a base da dinâmica do psiquismo: as pulsões do eu e as pulsões de objeto. As pulsões do eu ocupam-se em dar ao eu proteção, guarida e satisfação das necessidades elementares (fome, sede, sobrevivência, proteção contra intempéries etc.), e as pulsões de objeto buscam a associação erótica e sexual com outrem.

Já em *Além do princípio de prazer*, Freud avança no estudo dos movimentos psíquicos das pulsões. Mobilizado pelo tratamento dos neuróticos de guerra que povoavam as cidades europeias e por alguns de seus discípulos que, convocados, atenderam psicanaliticamente nas frentes de batalha, Freud reencontrou o estímulo para repensar a própria natureza da repetição do sintoma neurótico em sua articulação com o trauma. Surge o conceito de pulsão de morte: uma energia que ataca o psiquismo e pode paralisar o trabalho do eu, mobilizando-o em direção ao desejo de não mais desejar, que resultaria na morte psíquica. É provavelmente a primeira vez em que se postula no psiquismo uma tendência e uma força capazes de provocar a paralisia, a dor e a destruição.

Uma das principais consequências dessa reviravolta é a segunda teoria pulsional, que pode ser reencontrada na nova teoria do aparelho psíquico, conhecida como segunda tópica, ou segunda teoria do aparelho psíquico (que se dividiria em ego, id e superego, ou eu, isso e supereu), apresentada no texto *O eu e o id*, publicado em 1923. Freud propõe uma instância psíquica denominada supereu. Essa instância, ao mesmo tempo em que possibilita uma aliança psíquica com a cultura, a civilização, os pactos sociais, as leis e as regras, é também responsável pela culpa, pelas frustrações e pelas exigências que o sujeito impõe a si mesmo, muitas delas inalcançáveis. Daí o mal-estar que acompanha todo sujeito e que não pode ser inteiramente superado.

Em 1938, foi redigido o texto *Compêndio da psicanálise*, que seria publicado postumamente em 1940. Freud pretendia escrever uma grande síntese de sua doutrina, mas faleceu no exílio londrino em setembro de 1939, após a deflagração da Segunda Guerra Mundial, antes de terminá-la. O *Compêndio* permanece, então, como uma espécie de inacabado testamento teórico freudiano, indicando a incompletude da própria teoria psicanalítica que, desde então, segue se modificando, se refazendo e se aprofundando.

É curioso que o último grande texto de Freud, publicado em 1939, tenha sido *O homem Moisés e a religião monoteísta*, trabalho potente e fundador que reexamina teses historiográficas basilares da cultura judaica e da religião monoteísta a partir do arsenal psicanalítico. Essa obra mereceu comentários de grandes pensadores contemporâneos como Josef Yerushalmi, Edward Said e Jacques Derrida, que continuaram a enriquecê-la, desvelando não só a herança judaica muito particular de Freud, por ele afirmada e ao mesmo tempo combatida, mas também o alcance da psicanálise no debate sobre os fundamentos da historiografia do judaísmo, determinante da constituição identitária de pessoas, povos e nações.

Esta breve anotação introdutória é certamente insuficiente, pois muito ainda se poderia falar de Freud. Contudo, esperamos haver, ao menos, despertado a curiosidade no leitor, que passará a ter em mãos, com esta coleção, uma nova e instigante série de textos de Freud, com tradução direta do alemão e revisão técnica de destacados psicanalistas e estudiosos da psicanálise no Brasil.

Ao leitor, só nos resta desejar boa e transformadora viagem.

Prefácio
A cultura e a psicologia do medo
Márcio Seligmann-Silva

A história da filosofia é a história do eterno comentário de alguns conceitos-chave. Esses conceitos, ao passarem de um idioma e de um campo cultural a outro, sofrem transformações e são constantemente ressignificados. No caso do pensador da cultura e pai da psicanálise Freud, a questão dos conceitos por ele desenvolvidos também está na origem de um desafio enorme. Pensar a psicanálise significa enfrentar, antes de mais nada, o desafio da tradução.

O grande teórico da tradução que foi Walter Benjamin não por acaso nomeou seu principal ensaio sobre esse tema com o título ambíguo (e intraduzível) "*Die Aufgabe des Übersetzers*". Uma tradução seria: "A tarefa do tradutor". Mas em alemão *Aufgabe* significa também "desistir", "abrir mão" de algo (o que não deixa de lembrar do texto de Freud "O sentido antitético das palavras primitivas"). A tradução caminha necessariamente entre esses dois sentidos: entre a necessidade da tarefa tradutória e a sua impossibilidade. Esse *Aufgeben*, desistir, lhe é inerente e está na origem de sempre novas tentativas de tradução. Enfim, a tradução é um problema, um desafio que, ao mostrar os limites da traduzibilidade, expande nossa capacidade de pensar. Não pensar a tradução significa nos condenarmos ao embotamento do pensamento.

O leitor deste ensaio de Freud, um dos mais conhecidos e importantes de seus trabalhos, certamente estará surpreso com seu título novo em português: "Inibição, sintoma e medo". Há décadas nos acostumamos a ler: "Inibição, sintoma e angústia". O conceito que está em jogo aqui é o de *Angst*, o "umbigo" deste ensaio e um dos possíveis centros conceituais da psicanálise, com desdobramentos tremendos em Lacan e outros que pensaram o texto freudiano. A questão é que a tradução por *angústia* sempre foi dada como insuficiente. Perguntamo-nos então: devemos abrir mão, desistir da tradução de *Angst* como angústia? Talvez a melhor solução fosse a de desistir de traduzir. Como aconteceu com muitos conceitos que vêm do alemão e se tornaram moeda corrente em outros idiomas, poderíamos manter *Angst* intraduzido. Mas barrar a tradução implica também abrir mão da reflexão. No caso de *Angst* esse debate é essencial.

Na medida em que neste ensaio o tradutor Renato Zwick optou, de modo radical, por traduzir *Angst* por "medo", ele nos força a abandonar a leitura tradicional que fazíamos do termo. Lança-nos em uma zona de desconforto e nos obriga a refletir sobre a tradução:

sua tarefa e seus limites. Isso é muito bom. A releitura de "*Hemmung, Symptom und Angst*" como "Inibição, sintoma e medo" nos provoca e lança uma luz inusitada sobre o texto. Até agora, as traduções existentes, não só em português, se limitavam a traduzir *Angst* por angústia sempre que possível e, quando isso se tornava uma violência evidente ao texto freudiano, empregavam o termo "medo". Aqui isso não acontece. O tradutor optou por traduzir *Angst* sempre por medo (com uma exceção: "neurose de angústia"). Tal opção parece produtiva pois permite uma releitura que ressignifica o texto. Romper com a tradução automática *Angst*--angústia é um importante ganho. Para tal foi preciso enfrentar o medo – e a angústia! – da reprovação.

Luiz Hanns, em seu conhecido *Dicionário comentado do alemão de Freud*, destaca insistentemente a proximidade de *Angst* com o medo. "*Angst* significa medo. [...] Refere-se tanto a ameaças específicas (*Angst vor*, medo de) como inespecíficas (*Angst*, medo)". "*Angst* pode referir-se a objetos específicos ou inespecíficos. [...] A palavra *Angst* é empregada em composição com termos como 'ataque de medo', 'irrupção de medo' etc. Descreve reações que se exteriorizam fortemente. [...] Diversamente de *Furcht*, *Angst* liga-se a uma prontidão reativa ante o perigo". O próprio Freud destacara, nas *Conferências introdutórias à psicanálise*, a etimologia de *Angst* do latim *angustiae*, aperto, estrangulamento.

Hanns aprofunda essa etimologia, lembrando a origem no indo-europeu *angh-*, com o mesmo sentido de *angustiae*, e que em alemão levou a *eng*, estreito. Mas esses exercícios etimológicos não devem servir para autorizar sem mais a tradução de *Angst* por angústia, uma vez que em cada língua esses étimos originários vivem diferentes histórias e são banhados em diferentes universos culturais-linguísticos, assumindo novas conotações e denotações. Ao citar e analisar os empregos que Freud fez do termo *Angst*, Hanns destaca a proximidade maior com o termo "medo", chegando a formulações que também questionam a quase onipresença das traduções por "angústia". Ao traduzir o texto aqui publicado, ele opta pelo título "Inibições, sintomas e ansiedade", trazendo mais um importante termo optativo para se traduzir *Angst*, que destaca o elemento temporal, voltado preparativamente para uma situação de perigo. Comentando esses três termos que entram em jogo na tradução de *Angst*, ele sintetiza: "No texto freudiano alemão os termos 'angústia' e 'ansiedade' pouco estão presentes. Freud fala em 'medos', 'medo de espera', 'medo prolongado', 'medo automático' etc. [...] não há bons equivalentes na língua alemã para 'angústia' e 'ansiedade', mas há termos bem mais próximos de 'angústia' e 'ansiedade' do que *Angst*; entretanto, Freud não os utilizou". O tema da tradução de *Angst*, portanto, é vastíssimo, da maior importância. Nesta apresentação, por motivos que esclarecerei abaixo, não elejo uma única forma de tratar o conceito-chave do ensaio de Freud em questão.

Origens do ensaio

Esse ensaio foi escrito em julho de 1925, reelaborado no final do mesmo ano e publicado em fevereiro de 1926. Ele coloca o tema do medo (*Ansgt*) no seu centro. Tal conceito já tinha uma longa história nos trabalhos do autor e remontava a seus primeiros escritos. Mas o fator que desencadeou sua redação parece ter sido a publicação do livro de seu colega Otto Rank, *O trauma do nascimento*, em 1924. Na discussão desencadeada na Sociedade Psicanalítica de Viena, que acolheu com frieza esse ensaio, Rank se defendeu dizendo que a ideia central, do trauma do nascimento como modelar, vinha de Freud. De fato, em 1908, Freud, comentando um artigo do próprio Rank sobre o nascimento das figuras heroicas, havia decretado: "Ato do nascimento como fonte de angústia". Em 1909, Freud acrescentaria uma nota no seu *Interpretação dos sonhos*: "Aliás, o ato do nascimento é a primeira experiência de angústia e, portanto, fonte e modelo do afeto de angústia". Vale ainda notar que essa teoria permitiu uma ampliação do papel da mãe na teoria psicanalítica, com desdobramentos que podem ser traçados até o conceito de "abjeto", de Júlia Kristeva.

Freud voltara-se pela primeira vez para o tema do medo em seu ensaio de 1895 "Sobre a justificação de separar da neurastenia um determinado complexo de sintomas sob a forma de 'neurose de angústia'". Nesse ensaio ele se utiliza pela primeira vez do termo em alemão *Angstneurose*, "neurose de angústia", sendo que o termo francês *nevrose d'angoise* ele já utilizara em seu trabalho "Obsessions et fobies", também de 1895. Entre diversas digressões importantes, ele diferencia a etiologia da histeria, que pode ter sua origem em um "único susto", coisa que nunca aconteceria na neurose de angústia. Ela seria fruto de um distúrbio na descarga da tensão sexual. A excitação barrada seria desviada e transformada em *Angst*. "A concepção aqui desenvolvida retrata os sintomas da neurose de angústia como sendo, em certo sentido, *substitutos* da ação específica omitida posteriormente à excitação sexual. Para sustentar ainda mais essa concepção, posso indicar que, também na copulação normal, a excitação é despendida, entre outras coisas, na respiração acelerada, palpitação, transpiração, congestão, e assim por diante. Nos correspondentes ataques de angústia de nossa neurose, defrontamo-nos com a dispneia, as palpitações etc. da copulação, numa forma isolada e exagerada." No texto de 1925 essa mesma expressão somática será relida nos termos da reação do nascituro. Também no ensaio de 1895 Freud estabelece um importante mapeamento dos fluxos que provocam o medo/*Angst* localizando o indivíduo como desaguadouro de medos/angústias originados de fora e de dentro de seu corpo: "A psique é invadida pelo *afeto* de angústia quando se sente incapaz de lidar, por meio de uma reação apropriada, com uma tarefa (um perigo) *vinda de fora*; e fica presa de uma *neurose* de angústia quando se percebe incapaz de equilibrar a excitação (sexual) vinda *de dentro* – em outras palavras, *ela se comporta como se estivesse projetando tal excitação para fora*". A teoria posterior de Freud tentará articular essas duas fontes do medo/angústia. Tanto nas fobias como na neurose obsessiva, ele nota a centralidade do fator afetivo psíquico da *Angst*, mas, mesmo assim, até 1925 ele insistirá em sua teoria da *Angst* como fruto da transformação da libido. Em 1925 ele vai desenvolver a teoria da situação de perigo e articular sua teoria dos impulsos (*Triebe*) com a teoria da *Angst*.

Apresentar o medo

O presente ensaio é marcado por inúmeras idas e vindas, por repetições e até por aparentes contradições internas. Freud parece ter se dedicado muito a esse trabalho, mas o processo de reflexão paralelo à elaboração do ensaio acabou deixando suas marcas, vestígios do andar de um pensamento que se apresenta como tateante e que se lança justamente no universo amplo – e até então pouco explorado pela psicanálise – da teoria dos afetos. Também o embate direto com Rank e sua teoria do trauma do nascimento pode ter determinado a estrutura repetitiva do texto. É parte do estilo freudiano essa constante revisão de suas posições e aprimoramento dos conceitos. Dois *Leitmotive* são recorrentes e se entrelaçam no texto: o ensaio de Rank e sua tese central sobre o trauma do nascimento como modelar e, por outro lado, a tese do artigo de 1895 acerca da origem da *Angst* na transformação da libido. Freud leva o leitor pela mão, apresentado tanto os caminhos que levam a becos sem saída como as suas novas teses sobre o medo/angústia. A impressão que temos é que, para chegar a uma série de conclusões importantes, Freud antes tem que trilhar por uma "escada", da qual depois pode se desvencilhar.

Apesar de o título estampar três conceitos, o centro gravitacional do ensaio é o medo/angústia. Não é em vão, já que se trata de um conceito que assumiu um valor cada vez mais importante na psicanálise. Basta lembrar do ensaio fundamental de 1920, *Além do princípio de prazer*, no qual Freud introduz Eros e Tânatos (impulso de destruição), articulando-os. Em plena era pós-guerra e marcada pelos estudos das neuroses traumáticas e de guerra, ele reelaborou o conceito de trauma, desenvolvendo sua sintomatologia marcada pela repetição compulsiva das imagens do momento do trauma. Ele distinguiu então entre susto (*Schreck*), que provocaria o trauma, e a *Angst*, que ele já desloca no sentido de uma angústia preparatória e protetora do trauma.

Essa teoria da *Angst* como protetora é desenvolvida no ensaio de 1925 no sentido de uma teoria do medo/angústia como *sinal*. Por outro lado, Freud concilia essa teoria com a ideia de *Angst* como afeto. Indo contra sua tese de 1895, ele formula: "temos o direito de defender a ideia de que o eu é a verdadeira sede do medo e rejeitar a antiga concepção de que a energia de investimento da moção recalcada se transforma automaticamente em medo". Ele trata os afetos, inspirado em Darwin, como restos, vestígios de reações psicossomáticas que na sua origem seriam plenamente cabíveis: "o medo não é algo novo gerado por ocasião do recalcamento, mas, como estado afetivo, é reproduzido conforme uma imagem mnêmica existente. [...] Os estados afetivos foram incorporados à vida psíquica como precipitados de vivências traumáticas antiquíssimas e, em situações semelhantes, são despertados tal como símbolos mnêmicos". Os afetos seriam os equivalentes filogenéticos (ou seja, vinculados à história da espécie) dos ataques histéricos dos indivíduos. No caso do medo, existe uma necessidade biológica vinculada ao imperativo de reação em uma situação de perigo. Voltaremos a ela mais adiante.

Se no estudo das histerias de conversão (caracterizadas pela tradução de conflitos psíquicos em sintomas somáticos) Freud descarta o papel da *Angst*, por outro lado, na análise das fobias ele nota o encontro do medo externo com um medo interno, real, a saber, o da castração. "Aqui é o medo que produz o recalcamento, e não, como acreditei anteriormente, o recalcamento que produz o medo." O mesmo se dá no estudo da sintomatologia das neuroses obsessivas. Concluindo o capítulo VI ele afirma: "O ponto de partida das três [neuroses] é a destruição do complexo de Édipo; em todas, supomos, o medo da castração é o motor da oposição do eu". Mas até aí Freud ainda não desenvolveu a base teórica que permite compreender tal afirmação.

Os casos de fobia do pequeno Hans e do menino dos lobos têm um papel fundamental, pois é na zoofobia infantil que Freud encontra a chave para muitos dos impasses armados ao longo do texto. Aqui *Angst* desempenha um papel central e inequívoco. O sintoma (as formações substitutivas do medo do pai, seja o cavalo ou o lobo) é criado justamente para barrá-lo. A análise permite determinar claramente o conceito de "situação de perigo": "A formação substitutiva tem duas vantagens evidentes: a primeira é que evita um conflito de ambivalência, pois o pai é ao mesmo tempo um objeto amado; a segunda, que permite ao eu suspender o desenvolvimento de medo. Pois o medo da fobia é facultativo, ele surge apenas quando seu objeto se torna alvo da percepção. Isso é inteiramente correto, pois só então existe a situação de perigo". As lições depreendidas dos estudos das fobias são aplicadas à análise da neurose obsessiva, também marcada pela forte presença do medo (do supereu), sendo que a situação de perigo foi internalizada e que "a punição do supereu é um aperfeiçoamento da punição da castração".

Se na neurose traumática temos a impressão de que o medo da castração foi ocupado pelo medo da morte/da vida, estamos equivocados, pois Freud argumenta que não temos uma imagem da morte, ela nos é inimaginável. Por outro lado, ele afirma: "A castração se torna por assim dizer imaginável por meio da experiência diária de separar-se do conteúdo intestinal e pela perda do seio materno vivenciada no desmame; porém, algo semelhante à morte jamais foi vivenciado ou, como no desmaio, não deixou qualquer traço demonstrável. Por isso me atenho à suposição de que cabe compreender o medo da morte como um análogo do medo da castração, e que a situação à qual o eu reage é o fato de ser abandonado pelo supereu protetor – às potências do destino –, com o que termina a proteção contra todos os perigos". E mais, retomando ideias de *Além do princípio de prazer*, ele recorda que a neurose traumática é duplamente afetada pelo medo: na sua origem na ruptura da proteção contra estímulos e do colapso da preparação pelo medo e, depois, na criação de uma condição angustiosa na situação econômica pós-trauma. O fundamental nesse sétimo capítulo é a descoberta da relação do medo com a castração e desta com a ideia de separação. O medo tanto sinaliza o perigo como é reação a uma perda: daí também a ambiguidade em nossa língua que determina uma tradução de *Angst* entre medo e angústia. E Freud desdobra, adiantando muitas de suas conclusões finais: "A primeira experiência de medo, pelo menos do ser humano, é o nascimento, e este significa objetivamente ser separado da mãe, podendo ser comparado a uma castração da mãe (segundo a equação 'criança = pênis')". Mas para nos convencer dessa tese ele precisa caminhar mais por sua escada teórica.

E é justamente retomando sua já anunciada teoria do elemento filogenético dos afetos e, em específico, do medo que Freud leva adiante seu argumento. Pois ele precisa superar o fato de que o recém-nascido não tem a capacidade de registrar uma memória de seu nascimento e o faz justamente lançando mão de uma memória filogenética. "Precisamente porque o medo tem uma função biologicamente imprescindível a cumprir, como reação ao estado de perigo, é possível que ele tenha sido organizado de maneira diferente em seres vivos diferentes. Também não sabemos se nos seres vivos mais afastados dos humanos ele tem o mesmo conteúdo de sensações e inervações que tem nestes últimos. Isso não impede, portanto, que no caso do ser humano o medo tome por modelo o processo de nascimento." O medo surgiu como uma reação ao estado de perigo e é reproduzido na forma de um sinal toda vez que percebemos que esse estado se aproxima. A questão é que esse medo-sinal pode levar a reações equivocadas, a meras repetições disfuncionais. No início a reação foi, como nota Freud inspirado em Darwin, adequada à situação.

Mas Freud não se satisfaz com esse argumento filogenético. Novamente ele retoma teoremas do ensaio de 1920 no qual desenvolveu as pulsões de amor e morte e soma-os à ideia de separação como análoga do trauma da castração. O lactente não precisa ter guardado uma memória de seu nascimento: na verdade, a cada separação da mãe ele reexperienciou aquela situação, vivenciou novamente a "situação que ele avalia como 'perigo', contra a qual quer estar assegurado", que é, portanto, "a da insatisfação, do *aumento da tensão de necessidade*, frente à qual ele é impotente". O medo da perda do objeto, introduzido pelo nascimento e pelas ausências da mãe, posteriormente é transformado, na fase fálica, em medo de castração. A separação do membro equivaleria a um retorno ao desamparo originário que nos define como espécie. Do medo da castração ao medo do supereu, da consciência moral e ao medo social, e daí ao medo da perda do amor e da morte, trilhamos, com Freud, toda a história do indivíduo a partir dessa coluna vertebral negativa que se origina no medo. Somos filhos do medo e do desamparo. Os sintomas são os muros que erigimos para tentar conter esses medos.

E do medo automático, que responde a situações correspondentes à do trauma do nascimento, e daquele ativado pelo isso como meio para impedir a situação de perigo, vemos nascer a etiologia das neuroses atuais e das psiconeuroses. As neuroses são tentativas de "poupar o medo" que é suspenso e ligado na formação de sintomas. Freud também estabelece uma correlação entre diversas modalidades de medo e as fases por que passamos. Mas o desamparo originário como que penetra e tinge todos os demais medos.

No capítulo IX, retomando o processo de formação dos sintomas a partir do medo, Freud destaca a importância do despertar, por parte do eu, da *instância do prazer-desprazer* via desenvolvimento do medo para, assim, barrar o processo que ameaça. Daí o autor comparar a formação de sintomas à formação substitutiva e indicar que o que está em jogo é uma situação análoga à de uma fuga, que empreendemos de uma ameaça de fora, só que voltada para uma ameaça impulsional. Mais do que uma simples fuga, o processo defensivo permite uma repressão e tornar inofensivo o fluxo impulsional que ameaça. Mas, ao longo da vida, as situações de perigo perdem aos poucos em importância, sendo que, no entanto, as condições de medo persistem e o retorno da situação de medo original nunca está descartada. Freud fecha o nono capítulo perguntando-se sobre o porquê da centralidade do afeto do medo em nossa psique. O modo como ele formula essa questão é importante, pois coloca o termo *Angst* no centro dos estudos das neuroses.

O décimo capítulo traz conclusões muito interessantes. As neuroses nascem de nossa relação com situações de perigo, estabelecem continuidades com neuroses infantis e revelam nossa vida como um aprender a lidar com esses retornos de elementos que na verdade estão muitas vezes recalcados, "fora da lei", na expressão de Freud, e que podem ser reativados a qualquer momento. Ele destaca três origens das neuroses: primeiro a biológica. Trata-se do prolongamento do nosso desamparo originário, nas suas eloquentes palavras, do "desamparo e dependência do pequeno ser humano". Estamos especialmente abertos aos perigos do mundo externo e, portanto, somos muito dependentes do objeto que nos protege desses perigos. Daí Freud deriva a bela "necessidade de ser amado, que não mais abandonará o ser humano".

O segundo fator é filogenético. Freud o derivou do fato único no mundo animal que é nosso período de latência, ou seja, uma fase de suspensão do desenvolvimento da sexualidade após o quinto ano e seu reativamento, na puberdade. Esse período seria um resto vindo de nosso passado filogenético cuja origem não conhecemos. Dessa fase herdamos a relação entre sexualidade e perigo e, logo, "a etiologia mais direta das neuroses". Por fim, ele recorda o fator psicológico. Este consiste no fato de nosso aparelho psíquico estar diferenciado entre o eu e o isso. Dessa última instância derivam justamente os perigos e ataques dos quais nos vemos menos capazes de nos defender. Para minorar os danos, desenvolvemos sintomas. Daí o sofrimento neurótico.

Do apêndice vale destacar o item dedicado ao "Medo oriundo da transformação da libido", que faz um excelente resumo do ensaio. O imprescindível "Complemento sobre o medo" em sua maior parte retoma ideias já desenvolvidas, mas com a vantagem da concisão. Mas existem precisões novas aqui, como por exemplo a diferenciação mais clara entre situação traumática e situação de perigo. É essencial para nossa autopreservação a capacidade de antecipar via expectativa a situação traumática de desamparo. É a situação que permite tal expectativa que devemos denominar de situação de perigo. É aí que o sinal de medo é dado. Aqui, outra vez, percebemos as duas faces da *Angst*, uma que podemos identificar facilmente com o medo e a outra, indeterminada, voltada para o que denominamos de angústia: "O medo é, portanto, por um lado, expectativa do trauma; por outro lado, uma repetição atenuada dele".

Outro desenvolvimento importante aqui é a passagem na qual Freud desenvolve essa diferença entre o medo original ao trauma de desamparo e o medo como sinal de socorro: ele introduz um conceito forte, terapêutico, de brincadeira. Essa passagem para a posição ativa, de sujeito e não de objeto do medo, está em clara relação com a teoria freudiana de *Além do princípio do prazer*, quando, ao tratar da brincadeira do nenê de fazer desaparecer seus brinquedos, ele notara que o infante procurava se apoderar de uma situação desagradável, a separação da mãe, tornando-se o agente do trauma atenuado. A brincadeira aparece assim como um meio de barrar o trauma, para além do recalcamento e da neurose. Freud em outros textos nos autoriza também a pensar nas artes como um tal meio. Apenas nesse sentido Freud ainda aceitaria se falar de ab-reação do trauma, conceito que ele deixara para trás, junto com sua primeira teoria da catarse, ou seja, da cura pela narração da cena originária do trauma.

Políticas do medo

Quando, hoje, vivemos sob o impacto dos terrorismos, de Estado e não só, a questão do medo volta à ordem do dia. Que medo é esse que impera em nossas sociedades? É real ou neurótico? Podemos dizer que um alimenta o outro e que um dos graves sintomas dessa cultura do medo é a proliferação de muros em nosso mundo. Cidades e países se tornam bunkers. A doutrina da segurança, ou seja, a política da violência, impõe muros, exclusões, banimentos. Também o outro é isolado. O "isolamento", como formulado por Freud, é uma técnica, ao lado da "anulação", que substitui, em um sintoma, o recalque. Viver sob o signo do medo é viver tanto banindo o outro como também tolhendo a nós mesmos.

É interessante que Freud não leve em conta em qualquer momento neste ensaio a tradição filosófica de teorizar os afetos, de Aristóteles, Spinoza, Hobbes, Burke e tantos outros. Ao que parece essas teorias seriam alienígenas à psicanálise e não caberia discuti-las. É uma pena, pois existem muitos e interessantes capilares que permitiriam articular este tratado sobre a *Angst* com essa tradição filosófica.[1]

Contra as políticas do medo, que impregnam e contaminam as sociedades com medo neurótico, podemos

---

1. Recordo rapidamente a centralidade do termo *Fear* na teoria do sublime de Edmund Burke. Para esse pensador, haveria uma interessante relação entre estar tomado de medo e não distinguir realidade e ficção. Essa teoria poderia ter sido muito útil a Freud, me parece, que distingue a *Angst* real da *Angst* neurótica. Cf. também a minha apresentação ao volume de Freud *Mal-estar na cultura*, desta coleção. Remeto o leitor interessado em prosseguir por essa trilha filosófica ao ensaio de Carlo Ginzburg "Medo, reverência, terror: Reler Hobbes hoje", in: Ginzburg, 2014, p. 13-32.

pensar em uma política que reconheça, como Freud, a fragilidade, o "desamparo e dependência do pequeno ser humano" (com seu corolário: a "necessidade de ser amado, que não mais abandonará o ser humano"), assim como Walter Benjamin fizera em seu artigo "O narrador" de 1936, falando da humanidade após a Primeira Guerra Mundial. Também podemos pensar, com Freud e Benjamin, a necessidade de se ativar o momento lúdico da arte[2] que permite enfrentar nossa era do medo e do terror com bombas de criatividade.

BENJAMIN, Walter. *A obra de arte na era de sua reprodutibilidade técnica*, organização e apresentação M. Seligmann-Silva; trad. Gabriel Valladão Silva. Porto Alegre: L&PM, 2013.

BURKE, E. *Uma investigação filosófica sobre a origem de nossas ideias do sublime e do belo*. Campinas: Papirus/UNICAMP, 1993.

DARWIN, Charles. *A expressão das emoções no homem e nos animais*, trad. Leon Garcia. São Paulo: Companhia das Letras, 2000.

GINZBURG, Carlo. *Medo, reverência, terror. Quatro ensaios de iconografia política*. São Paulo: Companhia das Letras, 2014.

HANNS, Luiz. *Dicionário comentado do alemão de Freud*. Rio de Janeiro: Imago, 1996.

---

2. Ver Benjamin, 2013, p. 62, 63, 74.

Inibição, sintoma e medo

I

Na descrição dos fenômenos patológicos, nosso uso da linguagem nos permite distinguir entre sintomas e inibições, mas ele não dá muito valor a essa distinção. Se não nos deparássemos com casos de doença sobre os quais temos de afirmar que apresentam apenas inibições e nenhum sintoma, e se não quiséssemos saber qual é a condição para tanto, dificilmente teríamos interesse em traçar um limite entre os conceitos de inibição e sintoma.

Os dois não cresceram no mesmo solo. A inibição tem uma relação especial com a função e não significa necessariamente algo patológico; uma restrição normal de uma função também pode ser chamada de inibição dessa função. O sintoma, em compensação, equivale ao indício de um processo patológico. Ou seja, uma inibição também pode ser um sintoma. O uso da linguagem procede de tal maneira que fala de inibição quando ocorre uma simples redução da função, e de sintoma quando se trata de uma modificação incomum desta ou de um novo desempenho. Em muitos casos, parece que se deixa ao arbítrio de cada um destacar o lado positivo ou o lado negativo do processo patológico, designar seu resultado como sintoma ou como inibição. Tudo isso realmente não é interessante, e o questionamento do qual partimos revela-se pouco frutífero.

Visto que a inibição está tão intimamente ligada do ponto de vista conceitual à função, poderá surgir a ideia de investigar as diferentes funções do eu com a finalidade de verificar sob que formas se manifesta a perturbação dessas funções em cada afecção neurótica. Para esse estudo comparativo, escolhemos: a função sexual, a alimentação, a locomoção e o trabalho profissional.

a) A função sexual está sujeita a perturbações muito variadas, das quais a maioria apresenta o caráter de inibições simples. Estas são reunidas sob o nome de impotência psíquica. A realização da operação sexual normal pressupõe um transcurso bastante complicado; a perturbação pode intervir em qualquer ponto dele. No caso do homem, as principais estações da inibição são as seguintes: o afastamento da libido no início do processo (desprazer psíquico), a falha na preparação física (falta de ereção), a abreviação do ato (*ejaculatio praecox*) – que pode ser igualmente descrita como sintoma positivo –, sua interrupção antes do desfecho natural (falta de ejaculação) e a não ocorrência do efeito psíquico (da sensação de prazer do orgasmo). Outras perturbações resultam da ligação da função a condições especiais de natureza perversa ou fetichista.

Não poderá nos escapar por muito tempo que existe uma relação entre a inibição e o medo.[1] Muitas inibições são evidentemente renúncias à função, pois sua prática produziria medo. O medo direto da função sexual é frequente na mulher; nós o incluímos na classe da histeria, da mesma forma que o sintoma defensivo do nojo, que aparece originalmente como reação *a posteriori* ao ato sexual vivenciado de maneira passiva e mais tarde se manifesta frente à representação dele. Inúmeras ações obsessivas também se mostram como precauções e seguranças contra vivências sexuais, sendo, portanto, de natureza fóbica.

Não avançamos muito aí na compreensão; apenas se percebe que procedimentos muito diferentes são empregados para perturbar a função: 1) o mero afastamento da libido, que, mais do que tudo, parece

---

1. Em alemão, *Angst*, termo que abrange tanto a expectativa do perigo (a angústia, a ansiedade) quanto a reação a ele quando se apresenta de fato (o medo propriamente dito). Optou-se nesta edição por verter esse termo uniformemente por "medo" (exceção feita à expressão "neurose de angústia"), não só porque essa palavra pode também indicar a angústia e a ansiedade ("medo sem objeto"), mas porque na grande maioria dos casos Freud trata do "medo com objeto", das *fobias*, e soa bastante estranho, como no caso do "pequeno Hans", falar de "angústia frente ao cavalo" ou de "ansiedade de castração" – o que o menino sente é simplesmente *medo* de cavalos e *medo* de ser castrado. Além disso, mesmo no caso do "medo sem objeto", essa ausência é apenas aparente; conforme Freud elucida mais adiante (p. 158), o objeto do medo neurótico precisa primeiro ser encontrado, pois é interno, de natureza impulsional; o que ameaça o indivíduo e lhe inspira medo não é, por exemplo, um animal ou uma situação, mas seus próprios impulsos. (N.T.)

produzir o que chamamos de uma inibição pura, 2) a piora no desempenho da função, 3) a dificultação dela por meio de condições especiais e sua modificação por meio do desvio a outras metas, 4) a prevenção contra ela por meio de medidas de segurança, 5) sua interrupção devido ao desenvolvimento de medo logo que seu início não possa mais ser evitado e, por fim, 6) uma reação *a posteriori* que protesta contra isso e quer cancelar o ocorrido quando a função foi executada mesmo assim.

b) A perturbação mais frequente da função da nutrição é a perda de apetite devido à retirada da libido. Aumentos de apetite tampouco são raros; uma compulsão de comer motivada pelo medo de morrer de fome foi pouco estudada. Como defesa histérica contra a alimentação, conhecemos o sintoma do vômito. A recusa à nutrição em decorrência do medo faz parte de estados psicóticos (delírio de envenenamento).

c) A locomoção é inibida em muitos estados neuróticos pela falta de vontade de andar e pelo debilitamento do andar; o impedimento histérico serve-se da paralisia motora do aparelho locomotor ou produz uma suspensão especializada dessa função dele (abasia). Especialmente características são as dificultações da locomoção mediante a intercalação de determinadas condições cuja não satisfação produz medo (fobia).

d) A inibição de trabalhar, que com tanta frequência se torna objeto de tratamento sob a forma de sintoma isolado, mostra-nos uma disposição reduzida ao trabalho ou uma má execução dele ou fenômenos reativos como cansaço (vertigens, vômitos) quando se exige sua continuação. A histeria obriga à suspensão do trabalho devido à produção de paralisias orgânicas e funcionais, cuja existência é incompatível com a realização do trabalho. A neurose obsessiva perturba-o por meio de distrações constantes e pela perda de tempo causada por demoras e repetições intercaladas.

Poderíamos estender esse panorama a outras funções, mas sem a expectativa de conseguir mais com isso. Não iríamos além da superfície dos fenômenos. Por esse motivo, decidamo-nos por uma concepção que não deixa mais muitos enigmas ao conceito de inibição. A inibição é a expressão de uma *restrição funcional do eu*, que, por sua vez, pode ter causas muito diversas. Conhecemos muito bem alguns dos mecanismos dessa renúncia à função e uma tendência geral dessa renúncia.

A tendência é mais fácil de reconhecer nas inibições especializadas. Quando a atividade de tocar piano, a escrita e mesmo o caminhar sucumbem a inibições neuróticas, a análise nos mostra que a razão disso é uma erotização excessiva dos órgãos requeridos para essas funções, os dedos e os pés. De maneira bastante geral, obtivemos a compreensão de que a função do eu própria de um órgão é prejudicada quando aumenta sua erogenidade, seu significado sexual. Então esse órgão se comporta, se podemos arriscar uma comparação um tanto burlesca, como uma cozinheira que não quer mais trabalhar ao fogão porque o dono da casa encetou relações amorosas com ela. Quando a escrita, que consiste em fazer o líquido de um tubo fluir sobre um pedaço de papel branco, assumiu o significado simbólico do coito ou quando o caminhar se tornou o substituto simbólico de pisotear o corpo da Mãe-Terra, então as duas coisas, escrever e caminhar, são abandonadas, pois é como se a pessoa praticasse a ação sexual proibida. O eu renuncia a essas funções de sua incumbência para não precisar empreender um novo recalcamento, *para evitar um conflito com o isso.*

Outras inibições ocorrem evidentemente a serviço da autopunição, como não raro as inibições das atividades profissionais. O eu não pode fazer essas coisas porque lhe trariam proveito e sucesso, algo que o rigoroso supereu proibiu. Então o eu também renuncia a essas atividades *para não entrar em conflito com o supereu.*

As inibições mais gerais do eu obedecem a outro e simples mecanismo. Quando o eu é absorvido por uma tarefa psíquica especialmente difícil, como, por exemplo, uma situação de luto, uma imensa repressão de afetos ou a coação para conter fantasias sexuais emergindo constantemente, ele empobrece tanto no que se refere à energia que lhe está disponível que precisa limitar seu gasto em muitos pontos ao mesmo tempo, como um especulador que imobilizou seu dinheiro em seus empreendimentos. Pude observar um exemplo instrutivo de tal inibição geral intensa de curta duração num paciente obsessivo que, em ocasiões que evidentemente deveriam ter produzido um acesso de fúria, caía num cansaço paralisante que durava de um a vários dias. Partindo daqui, também deve ser possível encontrar um caminho que leve à compreensão da inibição geral que caracteriza os estados depressivos e o mais grave deles, a melancolia.

Para concluir, pode-se dizer sobre as inibições que elas são restrições das funções do eu, ou por precaução, ou em decorrência de um empobrecimento de energia. Agora é fácil reconhecer em que a inibição se distingue do sintoma. O sintoma não pode mais ser descrito como um processo no eu ou que atua sobre o eu.

II

As características fundamentais da formação de sintomas foram estudadas há muito tempo e apresentadas, espera-se, de maneira incontestável. O sintoma seria o indício e o substituto de uma satisfação impulsional[2] não realizada, um resultado do processo de recalcamento. O recalcamento tem origem no eu, que, eventualmente por ordem do supereu, não quer tomar parte de um investimento impulsional incitado no isso. Por meio do recalcamento, o eu consegue impedir que a representação portadora da moção desagradável se torne consciente. Muitas vezes, a análise prova que ela se conservou como formação inconsciente. As coisas estariam claras até aqui, mas logo começam as dificuldades não resolvidas.

As descrições que fizemos até agora do processo que ocorre no recalcamento acentuaram com insistência o resultado do afastamento em relação à consciência, mas em outros pontos deixaram dúvidas em aberto. Surge a questão: qual é o destino da moção impulsional

---

2. "Satisfação impulsional" (ou ainda "satisfação dos impulsos") traduz *Triebbefriedigung*. Salvo indicação em contrário, "impulso" corresponde sempre a *Trieb*. (N.T.)

ativada no isso e que aspira por satisfação? A resposta, indireta, foi que mediante o processo de recalcamento o prazer de satisfação que seria de esperar é convertido em desprazer, e então nos encontramos diante do problema de saber como o desprazer poderia ser o resultado de uma satisfação impulsional. Esperamos esclarecer a situação declarando categoricamente que em decorrência do recalcamento o fluxo excitatório pretendido no isso não se realiza de forma alguma; o eu consegue inibi-lo ou desviá-lo. Então desaparece o enigma da "conversão de afetos" no recalcamento. Porém, desse modo fizemos ao eu a concessão de que possa manifestar uma influência tão ampla sobre os processos no isso, e precisamos compreender por qual caminho se torna possível para ele essa surpreendente expansão de poder.

Acredito que essa influência caiba ao eu em consequência de suas estreitas relações com o sistema perceptivo, as quais, afinal, constituem sua essência e se tornaram a razão de sua diferenciação frente ao isso. A função desse sistema, que chamamos de $P\text{-}Cs$[3], está ligada ao fenômeno da consciência; ele recebe excitações não só de fora, mas também de dentro, e, por meio das sensações de prazer-desprazer que o atingem a partir daí, tenta direcionar todos os fluxos de ocorrências psíquicas no sentido do princípio de

---

3. Isto é, sistema perceptivo-consciente. (N.T.)

prazer. Gostamos muito de imaginar o eu impotente frente ao isso, mas, quando ele se opõe a um processo impulsional no isso, basta ele dar apenas um *sinal de desprazer* para alcançar seu propósito com a ajuda da instância quase onipotente do princípio de prazer. Se por um momento considerarmos essa situação isoladamente, podemos ilustrá-la por um exemplo de outra esfera. Num Estado, certo grupelho se defende de uma medida cuja deliberação corresponderia às inclinações da massa. Então essa minoria se apodera da imprensa, modela por meio dela a soberana "opinião pública" e assim consegue que a planejada deliberação não ocorra.

À resposta dada ligam-se mais perguntas. De onde provém a energia usada para a geração do sinal de desprazer? O caminho nos é indicado aqui pela ideia de que a defesa contra um processo indesejado no interior poderia acontecer segundo o modelo da defesa contra um estímulo externo, de que o eu toma contra o perigo interno o mesmo caminho de defesa que toma contra o externo. No caso de um perigo externo, o ser orgânico empreende uma tentativa de fuga, retirando, inicialmente, o investimento da percepção daquilo que é perigoso; em seguida, reconhece que o meio mais eficiente é empreender ações musculares tais que a percepção do perigo, mesmo que ela não seja recusada, torne-se impossível, ou seja, reconhece que o meio mais eficiente é esquivar-se ao âmbito de ação do perigo. O recalcamento é equivalente a tal tentativa de fuga. O eu retira o investimento (pré-consciente) do representante impulsional a ser recalcado e o emprega na liberação de desprazer (de medo). O problema de saber como o medo surge no recalcamento pode não ser simples; seja como for, temos o direito de defender a ideia de que o eu é a verdadeira sede do medo e rejeitar a antiga concepção de que a energia de investimento da moção recalcada se transforma automaticamente em medo.[4] Se no passado certa vez me expressei dessa maneira, dei uma descrição fenomenológica, não uma exposição metapsicológica.

Do que foi dito, deriva-se uma nova pergunta: como é economicamente possível que um mero processo de retirada e descarga, como acontece quando o investimento pré-consciente do eu é retirado, possa gerar desprazer ou medo, que, segundo nossos pressupostos, apenas podem ser consequência de um investimento aumentado? Respondo que essa causação não deve ser esclarecida economicamente; o medo não é algo novo gerado por ocasião do recalcamento, mas, como estado afetivo, é reproduzido conforme uma imagem mnêmica existente. Porém, com a pergunta adicional pela proveniência desse medo – como dos afetos em geral –, deixamos o solo psicológico incontroverso e entramos

---

4. Essa concepção foi defendida por Freud pela primeira vez em um texto de 1895, "Sobre a justificação de separar da neurastenia um determinado complexo de sintomas sob a forma de 'neurose de angústia'". (N.T.)

na região fronteiriça da fisiologia. Os estados afetivos foram incorporados à vida psíquica como precipitados de vivências traumáticas antiquíssimas e, em situações semelhantes, são despertados tal como símbolos mnêmicos. Acho que eu não estava errado em equipará-los aos ataques histéricos adquiridos posterior e individualmente e considerá-los como o seu modelo normal. No homem e nas criaturas que lhe são aparentadas, parece que o ato do nascimento, sendo a primeira vivência individual de medo, emprestou traços característicos à expressão desse afeto. Mas não devemos superestimar essa conexão nem ignorar, ao reconhecê-la, que um símbolo afetivo para a situação de perigo é uma necessidade biológica e seria criado de qualquer maneira. Também julgo infundado supor que em cada irrupção de medo aconteça na vida psíquica algo equivalente a uma reprodução da situação do nascimento. Sequer é certo que os ataques histéricos, que originalmente são tais reproduções traumáticas, conservem esse caráter de maneira permanente.

Expus em outro texto[5] que a maioria dos recalcamentos com que temos de lidar no trabalho terapêutico são casos de recalcamento *posterior*. Eles pressupõem *recalcamentos primordiais* ocorridos anteriormente que exercem sua influência atrativa sobre a situação mais nova. Ainda se conhece muito

---

5. "O recalcamento" (1915 *d*). (N.T.)

pouco desses panos de fundo e estágios prévios do recalcamento. Corre-se facilmente o risco de superestimar o papel do supereu no recalcamento. Por ora, não se pode julgar se é porventura a entrada em cena do supereu que cria a delimitação entre recalcamento primordial e recalcamento posterior. Em todo caso, as primeiras – e muito intensas – irrupções de medo acontecem antes da diferenciação do supereu. É totalmente plausível que fatores quantitativos, como a força desmedida da excitação e o rompimento da proteção contra estímulos, sejam os motivos mais imediatos dos recalcamentos primordiais.

A menção da proteção contra estímulos nos adverte como uma deixa que os recalcamentos surgem em duas situações distintas, a saber, quando uma moção impulsional desagradável é despertada por uma percepção externa e quando emerge no interior sem tal provocação. Retornaremos mais adiante a essa diferença (p. 144). No entanto, a proteção contra estímulos existe apenas para estímulos externos, não para exigências impulsionais internas.

Enquanto estudamos a tentativa de fuga do eu, mantemo-nos afastados da formação de sintomas. O sintoma surge da moção impulsional afetada pelo recalcamento. Quando o eu, pelo emprego do sinal de desprazer, atinge seu propósito de reprimir totalmente a moção impulsional, nada ficamos sabendo sobre a maneira como isso acontece. Aprendemos apenas com os casos que cabe definir como recalcamentos mais ou menos fracassados.

Então as coisas geralmente se apresentam de tal maneira que a moção impulsional, apesar do recalcamento, sem dúvida encontrou um substituto, mas ele é fortemente atrofiado, deslocado, inibido. Ele também não é mais reconhecível como satisfação. Quando é consumado, não ocorre qualquer sensação de prazer; em contrapartida, essa consumação adotou o caráter da compulsão. Mas, nessa degradação do fluxo de satisfação à categoria de sintoma, o recalcamento mostra seu poder ainda em outro ponto. Quando possível, o processo substitutivo é mantido longe da descarga via motilidade; mesmo quando isso não funciona, ele precisa se esgotar na modificação do próprio corpo da pessoa e não pode se estender ao mundo externo; é-lhe proibido converter-se em ação. Já se compreende; no recalcamento, o eu trabalha sob a influência da realidade externa e, por isso, isola dessa realidade o resultado do processo substitutivo.

O eu controla o acesso à consciência assim como a passagem à ação sobre o mundo externo; no recalcamento, ele exerce seu poder em ambas as direções. O representante impulsional sente um lado de sua manifestação de força; a própria moção impulsional, o outro. Aqui cabe se perguntar como esse reconhecimento do poderio do eu combina com a descrição da posição desse mesmo eu que esboçamos no estudo *O eu e o isso*. Nesse texto, descrevemos a dependência do eu tanto em relação ao isso quanto ao supereu, desmascaramos sua impotência e prontidão ao medo frente a ambos, sua arrogância custosamente mantida. Desde então, esse julgamento encontrou um forte eco na literatura psicanalítica. Inúmeras vozes acentuam insistentemente a debilidade do eu frente ao isso, do racional frente ao demoníaco em nós, e se dispõem a transformar essa tese num pilar fundamental de uma "visão de mundo" psicanalítica. A compreensão do modo de ação do recalcamento não deveria impedir justamente o analista de uma tomada de partido tão extrema?

Não sou de modo algum a favor da fabricação de visões de mundo. Deixemo-las aos filósofos, que declaradamente não consideram a viagem da vida praticável sem tal guia que forneça informações sobre tudo. Aceitemos humildemente o desprezo com que os filósofos nos olham de cima a partir do ponto de vista de sua elevada indigência. Já que tampouco podemos negar nosso orgulho narcísico, queremos buscar nosso consolo na ponderação de que todos esses "guias de vida" envelhecem com rapidez, que é justamente nosso trabalho meticuloso, limitado de uma maneira míope, que torna necessárias suas reedições, e que mesmo os mais modernos desses guias de viagem são tentativas de substituir o velho, tão cômodo e tão completo catecismo. Sabemos muito bem quão pouca luz a ciência pôde difundir até agora sobre os enigmas deste mundo; todo o barulho dos filósofos nada pode mudar nisso, apenas o paciente prosseguimento do trabalho, que subordina tudo à exigência única da certeza, pode, lentamente, produzir mudança. O viajante desmente seus temores ao cantar na escuridão, mas nem por isso vê mais claramente.

III

Para voltar ao problema do eu: a aparência de contradição vem do fato de tomarmos as abstrações de maneira muito rígida e, de uma situação complicada, selecionarmos ora um, ora outro lado isoladamente. Separar o eu do isso parece justificado; essa separação nos é imposta por determinadas circunstâncias. Mas, por outro lado, o eu é idêntico ao isso, é apenas uma parte dele especialmente diferenciada. Quer contraponhamos essa parte ao todo em pensamento, ou quer tenha se produzido uma discórdia real entre ambos, a fraqueza desse eu torna-se evidente para nós. Mas se o eu permanecer ligado ao isso, indistinguível dele, aí se mostra sua força. A relação do eu com o supereu é semelhante; ambos confluem em muitas situações, na maioria das vezes apenas podemos distingui-los quando se produziu entre eles uma tensão, um conflito. No caso do recalcamento, torna-se decisivo o fato de que o eu é uma organização, mas o isso não é; o eu é simplesmente a parte organizada do isso. Seria totalmente injustificado imaginar que o eu e o isso fossem como dois diferentes acampamentos militares; mediante o recalcamento, o eu buscaria reprimir uma parte do isso, depois o resto do isso viria em auxílio da vítima do ataque e mediria sua força com a do eu. Isso pode acontecer com frequência, mas certamente não é a situação inicial do recalcamento; via de regra, a moção impulsional que cabe recalcar fica isolada. Se o ato do recalcamento nos mostrou a força do eu, ao mesmo tempo ele também dá testemunho de sua impotência e da ininfluenciabilidade de cada moção impulsional do isso. Pois o processo que se transformou em sintoma devido ao recalcamento afirma sua existência fora da organização do eu e independentemente dela. E não só ele; todos os seus derivados também gozam do mesmo privilégio, digamos assim, da extraterritorialidade, e, quando se reúnem associativamente com partes da organização do eu, torna-se incerto se não as trarão para seu lado e se com esse ganho não se expandirão às custas do eu. Uma comparação que há muito nos é familiar considera o sintoma como um corpo estranho que sem cessar alimenta fenômenos de estímulo e de reação no tecido em que se introduziu. É verdade que acontece de a luta defensiva contra a moção impulsional desagradável ser encerrada pela formação de sintomas; até onde vemos, isso é facilmente possível na conversão histérica, mas via de regra o transcurso é outro; após o primeiro ato de recalcamento, segue-se um longo ou interminável epílogo; a luta contra a moção impulsional encontra sua continuação na luta contra o sintoma.

Essa luta defensiva secundária nos mostra dois rostos – com expressões contraditórias. Por um lado, o eu é forçado por sua natureza a empreender algo que temos de julgar como uma tentativa de restauração ou reconciliação. O eu é uma organização, ele se baseia no livre trânsito e na possibilidade de influência mútua entre todos os seus componentes, sua energia dessexualizada ainda declara a própria origem na aspiração por ligação e por unificação, e essa compulsão à síntese aumenta cada vez mais quanto mais vigorosamente o eu se desenvolve. Torna-se assim compreensível que o eu também tente suprimir a estranheza e o isolamento do sintoma aproveitando todas as possibilidades para ligá-lo a si de alguma maneira e, por meio de tais laços, incorporá-lo à sua organização. Sabemos que tal empenho já influencia o ato da formação do sintoma. Um exemplo clássico disso são aqueles sintomas histéricos que se tornaram transparentes para nós como compromisso entre as necessidades de satisfação e de punição. Como cumprimentos de uma exigência do supereu, tais sintomas de antemão participam do eu, enquanto por outro lado significam posições e pontos de invasão do recalcado na organização do eu; são, por assim dizer, estações de fronteira com ocupação mista. A questão de saber se todos os sintomas histéricos primários são construídos dessa maneira mereceria uma investigação cuidadosa. No curso posterior, o eu se comporta como se fosse guiado pela seguinte ponderação: o sintoma está simplesmente aí e não pode ser eliminado; a questão agora é familiarizar-se com essa situação e tirar dela a maior vantagem possível. Ocorre uma adaptação à parte do mundo interior estranha ao eu que é representada pelo sintoma, uma adaptação como aquela normalmente realizada pelo eu em relação ao mundo externo real. Jamais faltam ocasiões para tanto. A existência do sintoma pode implicar certo obstáculo à eficiência, com o qual se pode apaziguar uma exigência do supereu ou rejeitar uma reivindicação do mundo externo. Assim, pouco a pouco o sintoma é encarregado de representar interesses importantes, adquire um valor para a autoafirmação, emaranha-se cada vez mais intimamente com o eu, torna-se cada vez mais imprescindível para ele. Apenas em casos bastante raros o processo de absorção de um corpo estranho pode repetir algo parecido. Também se pode exagerar a importância dessa adaptação secundária ao sintoma afirmando que o eu apenas tratou de arranjá-lo para gozar de suas vantagens. Isso é tão correto ou tão falso quanto defender a opinião de que o mutilado de guerra apenas permitiu que lhe arrancassem a perna a tiros a fim de viver de sua aposentadoria por invalidez sem precisar trabalhar.

Outras configurações sintomáticas, as da neurose obsessiva e da paranoia, adquirem um alto valor para o eu não porque lhe trazem vantagens, mas porque lhe trazem uma satisfação narcísica que de outro modo ele não teria. As formações sistemáticas dos neuróticos obsessivos lisonjeiam seu amor-próprio através da ilusão de que são melhores que as outras pessoas por serem especialmente limpos ou conscienciosos; as formações delirantes da paranoia abrem à perspicácia e à fantasia desses pacientes um campo de atividade que não pode ser facilmente substituído. De todas as relações mencionadas, resulta o que nos é conhecido como o *ganho* (secundário) *da doença*, próprio da neurose. Ele auxilia o empenho do eu em incorporar o sintoma e reforça a fixação deste último. Se então tentarmos prestar assistência analítica ao eu em sua luta contra o sintoma, encontramos essas ligações conciliadoras entre o eu e o sintoma em ação do lado das resistências. Não nos é nada fácil desfazer tais ligações. Os dois procedimentos que o eu emprega contra o sintoma estão realmente em contradição mútua.

O outro procedimento tem um caráter menos amistoso; ele dá continuidade à direção do recalcamento. Mas parece que não podemos acusar o eu de inconsequência. O eu é pacífico e gostaria de incorporar o sintoma, acolhê-lo em seu próprio conjunto. A perturbação origina-se do sintoma, que, como verdadeiro substituto e derivado da moção recalcada, continua representando o papel desta, renova repetidamente sua exigência de satisfação e assim força o eu a dar novamente o sinal de desprazer e a se defender.

    A luta defensiva secundária contra o sintoma é multiforme, transcorre em diversos cenários e se serve de múltiplos meios. Não poderemos dizer muita coisa sobre ela se não tomarmos os casos isolados da formação de sintomas como objeto de investigação. Ao fazê-lo, teremos ocasião de entrar no problema do medo, que há muito percebemos como que espreitando em segundo plano. É recomendável partir dos sintomas criados pela neurose histérica; ainda não estamos preparados para os pressupostos da formação de sintomas nos casos da neurose obsessiva, da paranoia e de outras neuroses.

IV

Que o primeiro caso que consideremos seja então o de uma zoofobia histérica infantil, como, por exemplo, o caso da fobia de cavalos do "pequeno Hans"[6], certamente típico em todos os traços principais. Um primeiro olhar já nos permite reconhecer que as circunstâncias de um caso real de adoecimento neurótico são muito mais complicadas do que imagina nossa expectativa enquanto trabalhamos com abstrações. Requer algum trabalho orientar-se sobre qual é a moção recalcada, qual é seu substituto sintomático e onde o motivo do recalcamento se torna reconhecível.

O pequeno Hans se recusa a sair à rua porque tem medo do cavalo. Esta é a matéria-prima. Bem, mas o que, nisso, é o sintoma: o desenvolvimento de medo, a escolha do objeto do medo ou a renúncia à livre mobilidade ou vários desses elementos ao mesmo tempo? Onde está a satisfação de que ele se priva? Por que precisa privar-se dela?

Seria natural responder que não há tanta coisa enigmática nesse caso. O medo incompreensível do cavalo é o sintoma, a incapacidade de sair à rua é um

---

6. Ver "Análise da fobia de um menino de cinco anos".

fenômeno inibitório, uma restrição que o eu se impõe para não despertar o sintoma do medo. Reconhece-se facilmente o acerto da explicação do último ponto e não se considerará essa inibição na discussão subsequente. Mas o primeiro contato superficial com o caso não nos dá a conhecer nem mesmo a real expressão do suposto sintoma. Não se trata de forma alguma, conforme ficamos sabendo por uma indagação mais precisa, de um medo indeterminado de cavalos, mas desta expectativa receosa determinada: o cavalo irá mordê-lo. No entanto, esse conteúdo busca se esquivar à consciência e ser substituído pela fobia indeterminada, em que aparecem somente o medo e seu objeto. Será esse conteúdo o núcleo do sintoma?

Não avançamos um passo enquanto não levamos em conta toda a situação psíquica do menino, tal como nos é revelada durante o trabalho analítico. Ele se encontra na atitude edípica ciumenta e hostil para com seu pai, a quem, no entanto, ama de coração até o ponto em que a mãe não é levada em conta como causa da desavença. Ou seja, um conflito de ambivalência, um amor bem fundamentado e um ódio não menos justificado, ambos direcionados para a mesma pessoa. Sua fobia deve ser uma tentativa de resolver esse conflito. Tais conflitos de ambivalência são muito frequentes; conhecemos outro desfecho típico deles. Neste, uma das duas moções em luta, via de regra a terna, reforça-se enormemente, e a outra desaparece. Apenas o excesso e o caráter compulsivo da ternura nos revelam que essa atitude não é a única presente, que ela está constantemente em alerta para manter seu oposto sob repressão, permitindo-nos construir um processo que descrevemos como recalcamento por *formação reativa* (no eu). Casos como o pequeno Hans nada mostram de tal formação reativa; evidentemente, há vários caminhos que levam para fora de um conflito de ambivalência.

Entretanto, reconhecemos outra coisa com segurança. A moção impulsional que sucumbe ao recalcamento é um impulso [*Impuls*] hostil contra o pai. A análise nos forneceu a prova disso enquanto rastreava a origem da ideia do cavalo que morde. Hans viu um cavalo cair, também viu um colega de brincadeiras, com quem brincava de "cavalinho", cair e se machucar. A análise nos deu o direito de construir para o caso de Hans uma moção de desejo com o seguinte teor: "Tomara que o pai caia e se fira como o cavalo e o colega". Relações com o fato de Hans ter observado alguém partindo em viagem permitem supor que o desejo de eliminar o pai também encontrou uma expressão menos tímida. Mas tal desejo é equivalente à intenção de eliminá-lo por conta própria, é equivalente à moção assassina do complexo de Édipo.

Até agora, não há caminho que leve dessa moção impulsional recalcada até seu substituto que supomos existir na fobia de cavalos. Simplifiquemos agora a situação psíquica do pequeno Hans removendo o fator infantil e a ambivalência; ele é, por exemplo, um jovem empregado numa casa, apaixonado pela patroa e desfrutando de certas demonstrações de benevolência de sua parte. Permanece o fato de o jovem odiar o dono da casa, mais forte que ele, e desejar sua eliminação; então, a consequência mais natural dessa situação é que ele tema sua vingança, que surja nele um estado de medo desse dono – de maneira bastante parecida à fobia de cavalos do pequeno Hans. Isto é, não podemos designar o medo dessa fobia como sintoma; se o pequeno Hans, que está apaixonado pela mãe, demonstrasse medo do pai, não teríamos direito de lhe atribuir uma neurose, uma fobia. Teríamos diante de nós uma reação afetiva inteiramente compreensível. O que a transforma em neurose é única e exclusivamente outro traço, a substituição do pai pelo cavalo. Assim, esse deslocamento produz aquilo que merece o nome de sintoma. Ele é aquele outro mecanismo que permite a resolução do conflito de ambivalência sem a ajuda da formação reativa. Ele é possibilitado ou facilitado pela circunstância de que os traços inatos da maneira totêmica de pensar ainda podem ser facilmente vivificados nessa tenra idade. O abismo entre homem e animal ainda não é reconhecido, certamente não é acentuado com tanta intensidade quanto mais tarde. O homem adulto, admirado mas também temido, ainda está na mesma série do grande animal, invejado por tantas coisas, mas sobre o qual também se foi advertido, pois pode se tornar perigoso. Assim, o conflito de ambivalência não é resolvido na mesma pessoa, mas por assim dizer contornado ao se atribuir uma de suas moções a outra pessoa na condição de objeto substitutivo.

Até aqui vemos claramente, mas em outro ponto a análise da fobia do pequeno Hans nos trouxe uma decepção completa. A distorção na qual consiste a formação de sintomas não é efetuada de forma alguma com o representante (o conteúdo ideativo) da moção impulsional a ser recalcada, mas com um representante totalmente diferente, que corresponde apenas a uma reação ao que é realmente desagradável. Nossa expectativa seria satisfeita antes se o pequeno Hans, em vez de seu medo do cavalo, tivesse desenvolvido uma tendência a maltratar cavalos, espancá-los, ou se tivesse manifestado claramente seu desejo de vê-los cair, ferir-se, eventualmente morrer em meio a convulsões (o revolver das pernas). Algo do gênero também surge realmente durante sua análise, mas não fica por muito tempo à frente na neurose, e – coisa estranha – se ele realmente tivesse desenvolvido tal hostilidade como sintoma principal, apenas dirigida contra o cavalo em vez de contra o pai, de forma alguma teríamos julgado que ele se encontra numa neurose. Algo, portanto, está errado aí, ou em nossa concepção do recalcamento, ou em nossa definição de um sintoma. Uma coisa naturalmente nos chama logo a atenção: se o pequeno Hans tivesse realmente mostrado tal comportamento em relação aos cavalos, o caráter da moção impulsional inconveniente, agressiva, não teria sido modificado de forma alguma pelo recalcamento, apenas seu objeto teria mudado.

É totalmente certo que há casos de recalcamento que nada mais conseguem que isso; no entanto, na gênese da fobia do pequeno Hans aconteceu algo mais. O quanto mais, depreendemos de outro fragmento de análise.

Já vimos que o pequeno Hans informou como conteúdo de sua fobia a representação de ser mordido pelo cavalo. Posteriormente, tomamos conhecimento da gênese de outro caso de zoofobia, em que o animal causador de medo era o lobo, mas que tinha igualmente o significado de um substituto paterno.[7] Após um sonho que a análise pôde tornar transparente, desenvolveu-se nesse menino o medo de ser devorado pelo lobo como um dos sete cabritinhos do conto. O fato de o pai do pequeno Hans ter comprovadamente brincado de "cavalinho" com ele com certeza foi determinante para a escolha do animal causador de medo; da mesma forma, foi possível tornar pelo menos bastante provável que o pai de meu russo, paciente este analisado apenas em

---

7. "Da história de uma neurose infantil".

sua terceira década de vida, tinha imitado um lobo nas brincadeiras com o filho e, gracejando, feito ameaças de devorá-lo. Desde então, como terceiro caso, encontrei um jovem norte-americano em quem, é verdade, não se desenvolveu qualquer zoofobia, mas que precisamente por essa ausência ajuda a compreender os outros casos. Sua excitação sexual foi despertada por uma história infantil fantástica que leram para ele, em que um chefe árabe persegue uma pessoa feita de substância comestível (o *gingerbread man*[8]) para devorá-la. Ele se identificou com essa pessoa comestível, o chefe era facilmente reconhecível como substituto paterno, e essa fantasia se tornou a primeira base de sua atividade autoerótica. A representação de ser devorado pelo pai é um bem infantil típico e antiquíssimo; as analogias da mitologia (Cronos) e da vida animal são universalmente conhecidas.

Apesar de tais facilitações, esse conteúdo ideativo nos é tão estranho que apenas com incredulidade podemos atribuí-lo à criança. Tampouco sabemos se ele realmente significa o que parece declarar, e não entendemos como pode se tornar objeto de uma fobia. No entanto, a experiência analítica nos dá as explicações

---

8. "Homem de pão de gengibre". O *gingerbread* é uma espécie de bolo fortemente condimentado com gengibre, outrora feito em forma de pessoas, animais, letras do alfabeto etc. Em sentido figurado (e obsoleto), o termo aparece em compostos em que designa coisas chamativas e sem substância; "cavaleiro/senhor/homem de pão de gengibre" eram, aparentemente, termos de louvor burlesco ou irônico. (N.T.)

necessárias. Ela nos ensina que a representação de ser devorado pelo pai é a expressão regressivamente degradada de uma moção passiva e terna que consiste em desejar ser amado como objeto pelo pai no sentido do erotismo genital. A observação da história do caso não permite qualquer dúvida quanto ao acerto dessa interpretação. Entretanto, a moção genital não revela mais nada de sua intenção terna quando é expressa na língua da fase de transição, já superada, da organização libidinal oral à sádica. Aliás, trata-se apenas de uma substituição do representante por uma expressão regressiva, ou de uma degradação regressiva real da moção genitalmente orientada no isso? Não parece nada fácil decidir a questão. A história clínica do "homem dos lobos" russo fala bastante resolutamente a favor da última e mais séria possibilidade, pois desde o sonho decisivo ele se comporta de maneira "malcriada", atormentadora, sádica e desenvolve logo em seguida uma autêntica neurose obsessiva. Em todo caso, obtemos a compreensão de que o recalcamento não é o único meio à disposição do eu para rechaçar uma moção impulsional desagradável. Quando o eu consegue levar o impulso à regressão, no fundo ele o prejudicou mais energicamente do que seria possível através do recalcamento. No entanto, às vezes ele faz com que essa primeira regressão forçada seja seguida por um recalcamento.

A situação no caso do homem dos lobos e aquela um pouco mais simples no caso do pequeno Hans ainda estimulam várias reflexões, mas já obtemos agora dois esclarecimentos inesperados. Não há dúvida de que a moção impulsional recalcada nessas fobias é uma moção hostil contra o pai. Pode-se dizer que ela é recalcada pelo processo de conversão em seu oposto; em lugar da agressão contra o pai surge a agressão – a vingança – do pai contra a pessoa. Visto que, além disso, tal agressão se enraíza na fase libidinal sádica, ela só precisa ainda de certa degradação à fase oral, indicada em Hans pelo elemento de ser mordido, mas que no russo é efetuada de maneira gritante pelo elemento de ser devorado. Mas, além disso, a análise permite constatar com segurança, para além de qualquer dúvida, que outra moção impulsional sucumbiu simultaneamente ao recalcamento, a moção oposta, terna e passiva dirigida ao pai que já tinha alcançado o nível da organização libidinal genital (fálica). Esta última moção parece inclusive ser a mais significativa para o resultado final do processo de recalcamento, experimenta a regressão mais ampla e consegue a influência decisiva sobre o conteúdo da fobia. Assim, onde seguimos o rastro de apenas um recalcamento impulsional, temos de reconhecer a coincidência de dois desses processos; as duas moções de impulso afetadas – agressão sádica contra o pai e atitude ternamente passiva em relação a ele – formam um par de opostos, e até mais: se apreciarmos corretamente a história do pequeno Hans, reconheceremos que através da formação de sua fobia também foi suprimido o investimento objetal terno na mãe, algo sobre o que o conteúdo da fobia nada revela. Trata-se no caso de Hans – no caso do russo isso é muito menos claro – de um processo de recalcamento que atinge quase todos os componentes do complexo de Édipo, tanto a moção hostil quanto a terna em relação ao pai, bem como a moção terna em relação à mãe.

Essas são complicações indesejadas para nós, que apenas queríamos estudar casos simples de formação de sintomas em consequência de recalcamento e que, com esse propósito, nos tínhamos voltado para as neuroses mais precoces e aparentemente mais transparentes da infância. Em vez de um único recalcamento, encontramos um amontoado deles, e, além disso, tivemos de lidar com a regressão. Talvez tenhamos aumentado a confusão pelo fato de termos querido medir as duas análises disponíveis de zoofobias – a do pequeno Hans e a do homem dos lobos – com a mesmíssima medida. Certas diferenças entre ambas chamam agora nossa atenção. Somente sobre o pequeno Hans podemos dizer com certeza que resolveu por meio de sua fobia as duas moções principais do complexo de Édipo, a agressiva contra o pai e a demasiadamente terna em relação à mãe; a moção terna em relação ao pai certamente também está presente, desempenha seu papel no recalcamento de seu oposto, mas não se pode provar que tenha sido forte o bastante para provocar um recalcamento nem que tenha sido posteriormente suprimida. Hans parece ter sido simplesmente um menino normal com o chamado complexo de Édipo "positivo". É possível que os fatores de que sentimos falta também estivessem em ação nele, mas não podemos apontá-los; mesmo em nossas análises mais pormenorizadas, o material é simplesmente lacunoso, e nossa documentação, incompleta. No caso do russo, o defeito está em outro lugar; sua relação com o objeto feminino foi perturbada por uma sedução precoce, o lado passivo, feminino, está fortemente desenvolvido nele, e a análise de seu sonho com lobos pouco revela de uma agressão intencional contra o pai, fornecendo em compensação as provas mais inequívocas de que o recalcamento se refere à atitude passiva, terna, em relação ao pai. Os outros fatores também devem ter tomado parte aqui, mas não se destacam. Se, apesar dessas diferenças entre os dois casos, que quase se aproximam de uma oposição, o resultado final da fobia é quase o mesmo, a explicação para tal precisa vir de outro lado; ela vem do segundo resultado de nossa pequena investigação comparativa. Acreditamos conhecer o motor do recalcamento nos dois casos e vemos seu papel confirmado pelo curso que toma o desenvolvimento das duas crianças. Ele é o mesmo em ambos os casos, o medo de uma castração ameaçadora. Por medo da castração, o pequeno Hans renuncia à agressão contra o pai; seu medo de que o cavalo vá mordê-lo pode ser completado sem problemas: o cavalo vai arrancar seus genitais com uma mordida, castrá-lo. Mas é também devido ao medo da castração que o pequeno russo renuncia ao desejo de ser amado pelo pai como objeto sexual, pois entendeu que tal relação teria como pressuposto o sacrifício de seus genitais, aquilo que o distingue da mulher. As duas configurações do complexo de Édipo – a normal, ativa, assim como a invertida – fracassam afinal devido ao complexo de castração. É verdade que a ideia que causava medo ao russo, a de ser devorado pelo lobo, não contém qualquer alusão à castração, tendo se afastado por demais, mediante regressão oral, da fase fálica, mas a análise de seu sonho torna supérflua qualquer outra comprovação. O fato de no teor da fobia nada mais aludir à castração também é um triunfo completo do recalcamento.

Eis o resultado inesperado: nos dois casos, o motor do recalcamento é o medo da castração; os conteúdos do medo – ser mordido pelo cavalo e devorado pelo lobo – são um substituto distorcido do conteúdo de ser castrado pelo pai. É esse conteúdo, na verdade, que experimentou o recalcamento. No caso do russo, tal conteúdo era expressão de um desejo que não pôde persistir diante da rebelião da masculinidade; no caso de Hans, era expressão de uma reação que converteu a agressão em seu oposto. Mas o afeto de medo próprio da fobia, e que constitui sua essência, não provém do processo de recalcamento, não provém dos investimentos libidinais das moções recalcadas, mas do próprio recalcador; o medo na zoofobia é o medo, não convertido, da castração, ou seja, um medo real, medo de um perigo realmente ameaçador ou julgado real. Aqui é o medo que produz o recalcamento, e não, como acreditei anteriormente, o recalcamento que produz o medo.

Não é agradável pensar nisso, mas não ajuda nada desmentir que defendi muitas vezes a tese de que o representante impulsional é distorcido, deslocado etc. pelo recalcamento, mas que a libido da moção impulsional é convertida em medo. A investigação das fobias, que, mais do que tudo, deveriam ser apropriadas para provar essa tese, portanto não a confirma, parece antes contradizê-la diretamente. O medo nas zoofobias é o medo que o eu sente da castração; na agorafobia, menos profundamente estudada, o medo parece ser o medo da tentação, que de um ponto de vista genético, afinal, precisa estar ligado ao medo da castração. A maior parte das fobias, até onde vemos hoje, tem sua origem nesse medo que o eu sente das exigências da libido. A atitude de medo adotada pelo eu é sempre o fator primário e a incitação ao recalcamento. O medo nunca provém da libido recalcada. Se no passado eu tivesse me contentado em dizer que após o recalcamento surge certo grau de medo no lugar da esperada manifestação de libido, hoje eu nada teria do que me retratar. A descrição está correta e provavelmente existe a correspondência alegada entre a força da moção a ser recalcada e a intensidade do medo resultante. Mas confesso que acreditei estar fazendo mais do que uma mera descrição; supus ter reconhecido o processo metapsicológico de uma transformação direta da libido em medo, algo que portanto não posso mais sustentar hoje. Tampouco consegui, no passado, indicar como se efetua tal conversão.

De onde tirei, afinal, a ideia dessa transformação? Do estudo das neuroses atuais, numa época em que ainda estava muito longe de nós diferenciar processos no eu e processos no isso. Descobri que determinadas práticas sexuais como o *coitus interruptus*, a excitação frustrada e a abstinência forçada geram ataques de medo e uma prontidão geral para ele, ou seja, sempre que a excitação sexual é inibida, impedida ou desviada de seu curso rumo à satisfação. Visto que a excitação sexual é expressão de moções impulsionais libidinais, não parecia ousado supor que a libido se transformasse em medo pela ação de tais perturbações. Essa observação ainda é válida hoje; por outro lado, não se pode rejeitar que a libido dos processos do isso experimenta uma perturbação estimulada pelo recalcamento; ou seja, ainda pode continuar sendo correto que no recalcamento se forme medo a partir do investimento libidinal das moções impulsionais. Mas como se deve combinar esse resultado com aquele outro de que o medo das fobias é um medo próprio do eu, que surge no eu, não resultando do recalcamento, mas produzindo-o? Parece uma contradição, e nada simples de resolver. A redução das duas origens do medo a uma única não se deixa impor facilmente. Pode-se fazer uma tentativa com a hipótese de que na situação do coito impedido, da excitação interrompida ou da abstinência, o eu pressente perigos aos quais reage com medo, mas não há nada a fazer com isso. Por outro lado, a análise que empreendemos das fobias não parece admitir uma retificação. *Non liquet!*[9]

---

9. "Não está claro", antiga fórmula jurídica que indicava a falta de elementos suficientes para se proferir um veredito, deixando espaço para averiguações suplementares ou para adiamento. (N.T.)

V

Queríamos estudar a formação de sintomas e a luta secundária do eu contra o sintoma, mas com a escolha das fobias evidentemente não fizemos uma boa jogada. O medo que predomina no quadro dessas afecções parece-nos agora uma complicação que encobre a situação. Há numerosas neuroses em que não se verifica medo algum. A autêntica histeria de conversão é desse tipo; seus sintomas mais graves são encontrados sem o acréscimo de medo. Só esse fato já deveria nos advertir para não atar com firmeza demais as relações entre o medo e a formação de sintomas. No mais, as fobias se encontram tão próximas das histerias de conversão que me julguei autorizado a juntá-las a estas na qualidade de "histeria de medo". Mas ninguém ainda foi capaz de apontar a condição que decide se um caso vai assumir a forma de uma histeria de conversão ou de uma fobia, ou seja, ninguém ainda descobriu a condição para o desenvolvimento de medo na histeria.

Os sintomas mais frequentes da histeria de conversão – paralisia motora, contratura ou ação ou descarga involuntárias, dor, alucinação – são processos de investimento intermitentes ou mantidos de maneira permanente, o que traz novas dificuldades à explicação. Na verdade, não se sabe dizer muita coisa sobre tais sintomas. Mediante a análise, pode-se ficar sabendo qual fluxo excitatório interrompido eles substituem. Na maioria das vezes, descobre-se que eles próprios têm participação nele, como se toda a energia desse fluxo tivesse se concentrado nessa única parte. A dor existia na situação em que ocorreu o recalcamento; a alucinação era, naquele momento, percepção; a paralisia motora consiste na defesa contra uma ação que deveria ter sido executada naquela situação, mas que foi inibida; a contratura, normalmente o deslocamento de uma inervação muscular então pretendida em outro lugar; o ataque convulsivo, a expressão de uma irrupção de afetos que escapou ao controle normal do eu. A sensação de desprazer que acompanha o aparecimento dos sintomas varia numa medida bastante acentuada. Ela inexiste totalmente na maioria das vezes nos sintomas permanentes que são deslocados à motilidade, como paralisias e contraturas, em relação aos quais o eu se comporta como que indiferentemente; nos sintomas intermitentes e nos da esfera sensorial, via de regra a pessoa experimenta nítidas sensações de desprazer, que, no caso do sintoma doloroso, podem se elevar a um nível excessivo. Nessa multiplicidade, é muito difícil encontrar o fator que possibilita tais diferenças e que, no entanto, permita esclarecê-las de maneira uniforme.

A luta do eu contra o sintoma já formado também é pouco perceptível na histeria de conversão. Apenas quando a sensibilidade à dor de uma parte do corpo se transformou em sintoma é que essa parte é colocada em situação de desempenhar um duplo papel. O sintoma doloroso surge com a mesma certeza quando essa parte é tocada de fora e quando a situação patogênica por ela representada é ativada associativamente de dentro, e o eu toma medidas de precaução para impedir o despertar do sintoma pela percepção externa. Não conseguimos descobrir de onde provém a especial intransparência da formação de sintomas na histeria de conversão, mas ela nos dá um motivo para abandonar imediatamente essa região infrutífera.

Voltamo-nos à neurose obsessiva, na expectativa de que neste caso venhamos a saber mais sobre a formação de sintomas. Os sintomas da neurose obsessiva são em geral de dois tipos e com tendência oposta. Ou são proibições, medidas de precaução, penitências, ou seja, de natureza negativa, ou, ao contrário, satisfações substitutivas, com muita frequência num disfarce simbólico. Desses dois grupos, o mais antigo é o negativo, defensivo e punitivo; com a duração da enfermidade, porém, passam a predominar as satisfações, que zombam de toda defesa. É um triunfo da formação de sintomas quando dá um bom resultado amalgamar a proibição com a satisfação, de modo que o mandamento ou a proibição originalmente defensivos também adquiram o significado de uma satisfação, algo para o que muitas vezes se requer caminhos de ligação bastante artificiais. Nessa realização mostra-se a tendência à síntese, que já atribuímos ao eu. Em casos extremos, o paciente consegue fazer com que a maioria de seus sintomas adquira, além de seu significado original, também o diretamente oposto, um testemunho em favor do poder da ambivalência, que, não sabemos por quê, representa um papel tão grande na neurose obsessiva. No caso mais grosseiro, o sintoma apresenta dois tempos, isto é, a uma ação que executa certa prescrição, segue-se imediatamente uma segunda que a suprime ou anula, ainda que não se atreva a executar seu oposto.

Dessa rápida vista geral dos sintomas obsessivos resultam de imediato duas impressões. A primeira, de que aqui se trava uma luta contínua contra o recalcado, que se volta cada vez mais contra as forças recalcadoras, e, em segundo lugar, de que o eu e o supereu têm aqui uma participação especialmente grande na formação de sintomas.

A neurose obsessiva é certamente o objeto mais interessante e recompensador da investigação analítica, mas, como problema, ainda continua sem solução. Se quisermos penetrar mais fundo em sua essência, teremos de confessar que ainda não se pode prescindir de hipóteses incertas e suposições não comprovadas. A situação inicial da neurose obsessiva decerto não é diferente daquela da histeria, a necessária defesa contra as exigências libidinais do complexo de Édipo. Em toda neurose obsessiva também parece existir uma camada mais profunda de sintomas histéricos formados bastante cedo. Mas, em seguida, a configuração subsequente é modificada de maneira decisiva por um fator constitucional. A organização genital da libido se mostra frágil e muito pouco resistente. Quando o eu começa seu empenho defensivo, obtém como primeiro resultado que a organização genital (da fase fálica) seja lançada de volta, integral ou parcialmente, à fase anal-sádica anterior. Esse fato da regressão é decisivo para tudo o que se segue.

Ainda se pode considerar outra possibilidade. Talvez a regressão não seja consequência de um fator constitucional, e sim temporal. Ela não seria possibilitada porque a organização genital da libido é frágil demais, mas porque a oposição do eu começou muito cedo, ainda durante a pujança da fase sádica. Também nesse ponto não me atrevo a uma decisão segura, mas a observação analítica não favorece essa hipótese. Ela mostra, antes, que a fase fálica já foi alcançada quando ocorre a virada para a neurose obsessiva. A idade para a irrupção dessa neurose também é posterior à da histeria (o segundo período da infância, após o início do período de latência), e, num caso de desenvolvimento bastante tardio dessa afecção que pude estudar, verificou-se claramente que uma depreciação real da vida genital, até então intacta, criou a condição para a regressão e para o surgimento da neurose obsessiva.[10]

Busco a explicação metapsicológica da regressão numa "desagregação de impulsos", na separação dos componentes eróticos que, com o início da fase genital, haviam se juntado aos investimentos destrutivos da fase sádica.

A obtenção forçada da regressão significa o primeiro sucesso do eu na luta defensiva contra a exigência da libido. Distinguimos oportunamente aqui entre a tendência mais geral da "defesa" e o "recalcamento", que é apenas um dos mecanismos de que a defesa se serve. Talvez na neurose obsessiva se reconheça ainda mais claramente do que em casos normais e histéricos que o complexo de castração é o motor da defesa e que aquilo que é rechaçado por esta são as aspirações do complexo de Édipo. Encontramo-nos no início do período de latência, caracterizado pelo declínio do complexo de Édipo, pela criação ou consolidação do supereu e pela instauração das barreiras éticas e estéticas no eu. Na neurose obsessiva, esses processos ultrapassam a medida normal; à destruição do complexo de Édipo soma-se a degradação regressiva da libido, o

---

10. Ver "A predisposição à neurose obsessiva".

supereu se torna especialmente severo e insensível, e o eu, em obediência ao supereu, desenvolve elevadas formações reativas de conscienciosidade, compaixão e limpeza. Com rigor implacável, nem por isso sempre bem-sucedido, proíbe-se a tentação de dar continuidade ao onanismo da primeira infância, que agora se apoia em representações regressivas (anal-sádicas), mas que, no entanto, representa a parte não submetida da organização fálica. Há uma contradição interna no fato de justamente no interesse da conservação da masculinidade (medo da castração) se impedir toda atividade dessa masculinidade, mas também essa contradição é apenas exagerada na neurose obsessiva; ela já é parte da maneira normal de eliminação do complexo de Édipo. Também na neurose obsessiva se confirmará que todo excesso leva em si o germe de sua autoabolição, pois justamente o onanismo reprimido obterá à força, na forma de ações obsessivas, uma aproximação cada vez maior da satisfação.

As formações reativas no eu do neurótico obsessivo, que reconhecemos como exageros da formação normal de caráter, podem ser consideradas como um novo mecanismo de defesa ao lado da regressão e do recalcamento. Na histeria, elas parecem faltar ou ser muito mais fracas. Retrospectivamente, obtemos assim uma hipótese sobre o que caracteriza o processo defensivo da histeria. Parece que ele se limita ao recalcamento, pois o eu se afasta da moção impulsional desagradável, abandona-a ao fluxo no inconsciente e não tem mais qualquer participação posterior em seus destinos. É verdade que isso pode não ser correto de maneira assim tão exclusiva, pois afinal conhecemos o caso em que o sintoma histérico significa ao mesmo tempo o cumprimento de uma exigência punitiva oriunda do supereu, mas pode descrever uma característica geral do comportamento do eu na histeria.

Pode-se simplesmente aceitar como fato que na neurose obsessiva se forme um supereu tão severo, ou pode-se recordar que o traço fundamental dessa afecção é a regressão libidinal e tentar relacionar com ela também o caráter do supereu. De fato, o supereu, que provém do isso, não pode escapar à regressão e à desagregação de impulsos que ocorre neste último. Não seria de admirar se ele se tornasse mais duro, atormentador e insensível do que no desenvolvimento normal.

Durante o período de latência, a defesa contra a tentação do onanismo parece ser tratada como a tarefa principal. Essa luta gera uma série de sintomas, que se repetem de maneira típica nas mais diferentes pessoas e em geral ostentam o caráter de um cerimonial. É bastante lamentável que ainda não tenham sido coletados e analisados sistematicamente; na condição de realizações mais antigas da neurose, lançariam luz, mais do que qualquer outra coisa, sobre o mecanismo de formação de sintomas empregado nesse caso. Eles já mostram os traços que se destacarão de maneira tão funesta num grave adoecimento posterior: a acomodação nas funções que mais tarde devem ser executadas como que automaticamente, no ato de ir para a cama, lavar-se e vestir-se, na locomoção, na tendência à repetição e ao desperdício de tempo. Por que isso acontece assim ainda não é de forma alguma compreensível; a sublimação de componentes do erotismo anal desempenha aí um papel claro.

A puberdade constitui um período decisivo no desenvolvimento da neurose obsessiva. A organização genital, interrompida na infância, é retomada com grande força. Mas sabemos que o desenvolvimento sexual do período infantil também prescreve a direção para o recomeço dos anos de puberdade. Ou seja, por um lado as moções agressivas do primeiro período irão despertar outra vez; por outro, uma parcela mais ou menos grande das novas moções libidinais – em casos graves, sua totalidade – precisa seguir os caminhos traçados pela regressão e se manifestar como intenções agressivas e destrutivas. Em consequência desse disfarce das aspirações eróticas e das intensas formações reativas no eu, a luta contra a sexualidade prossegue sob a bandeira da ética. O eu se opõe com perplexidade às exigências cruéis e violentas que lhe são enviadas à consciência oriundas do isso, e não suspeita que ao fazê-lo está combatendo desejos eróticos, entre os quais também aqueles que normalmente teriam escapado à sua objeção. Visto que a sexualidade assumiu formas tão repulsivas, o supereu supersevero insiste com energia tanto maior na sua repressão. Assim, o conflito na neurose obsessiva se mostra agravado em duas direções: o elemento defensivo se tornou mais intolerante, e o elemento a ser rechaçado pela defesa, mais insuportável; ambas as coisas pela influência de um mesmo fator, a regressão da libido.

Há quem pudesse contradizer muitos de nossos pressupostos apontando que a representação obsessiva desagradável se torna consciente. Só que não há dúvida alguma de que ela passou anteriormente pelo processo de recalcamento. Na maioria dos casos, o verdadeiro teor da moção impulsional agressiva é absolutamente desconhecido pelo eu. É necessário um bom tanto de trabalho analítico para torná-lo consciente. O que penetra até a consciência é, via de regra, apenas um substituto distorcido, ou com uma indefinição onírica, nebulosa, ou tornado irreconhecível por um disfarce absurdo. Se o recalcamento não corroeu o conteúdo da moção impulsional agressiva, certamente eliminou o caráter afetivo que a acompanha. Assim, a agressão não aparece ao eu como um impulso [*Impuls*], e sim, como dizem os pacientes, como um mero "conteúdo de pensamento" que deixaria uma pessoa indiferente. O mais notável é que isso não é o caso.

É que o afeto poupado na percepção da representação obsessiva aparece em outro lugar. O supereu se comporta como se não tivesse ocorrido recalcamento algum, como se conhecesse a moção agressiva em seu teor correto e com seu caráter afetivo pleno, e trata o eu com base nesse pressuposto. O eu, que por um lado se sabe inocente, tem, por outro, de perceber um sentimento de culpa e arcar com uma responsabilidade que não consegue compreender. O enigma que nos é dado com isso não é, porém, tão grande quanto parece de início. O comportamento do supereu é inteiramente compreensível; a contradição no eu apenas nos demonstra que por meio do recalcamento ele se fechou para o isso, enquanto ficou totalmente acessível às influências do supereu.[11] A questão adicional de saber por que o eu também não procura se esquivar da crítica torturante do supereu é liquidada com a informação de que isso realmente acontece numa grande série de casos. Também há neuroses obsessivas inteiramente desprovidas de consciência de culpa; até onde compreendemos, o eu se poupou à percepção dela por uma nova série de sintomas, atos de penitência e restrições com fins de autopunição. Porém, esses sintomas significam ao mesmo tempo satisfações de moções impulsionais masoquistas que igualmente receberam um reforço da regressão.

---

11. Ver Reik, 1925, p. 51.

A variedade dos fenômenos da neurose obsessiva é tão imensa que até agora nenhum esforço foi bem-sucedido em dar uma síntese coerente de todas as suas variações. Estamos empenhados em destacar relações típicas e, ao fazê-lo, constantemente preocupados com o fato de deixar passar outras regularidades não menos importantes.

Já descrevi a tendência geral da formação de sintomas na neurose obsessiva. Ela se dirige no sentido de obter cada vez mais espaço para a satisfação substitutiva às custas da frustração. Os mesmos sintomas que originalmente significavam restrições do eu assumem, mais tarde, graças à tendência do eu à síntese, também o significado de satisfações, e é indiscutível que este último se torna pouco a pouco o mais efetivo. O resultado desse processo, que se aproxima cada vez mais do completo fracasso do empenho defensivo inicial, é um eu extremamente limitado que depende de buscar sua satisfação nos sintomas. O deslocamento da relação de forças em favor da satisfação pode levar ao temido resultado final da paralisia da vontade do eu, que, para cada decisão, encontra incitações quase tão fortes de um lado quanto de outro. O agudíssimo conflito entre o isso e o supereu, que domina a afecção desde o início, pode se expandir tanto que nenhuma das funções do eu, que se tornou incapaz de mediação, pode escapar de ser incluída nesse conflito.

VI

Durante essas lutas, pode-se observar duas atividades do eu que são formadoras de sintomas e que merecem um interesse especial, pois são substitutas evidentes do recalcamento e por isso podem esclarecer perfeitamente sua tendência e sua técnica. Talvez também possamos compreender o surgimento dessas técnicas auxiliares e substitutivas como uma prova de que a execução do recalcamento regular topa com dificuldades. Talvez compreendamos melhor tais variações do recalcamento se considerarmos que na neurose obsessiva, muito mais do que na histeria, o eu é o cenário da formação de sintomas, que esse eu se aferra tenazmente à sua relação com a realidade e a consciência, empregando nisso todos os seus meios intelectuais, e que até a atividade de pensamento aparece superinvestida, erotizada.

As duas técnicas aludidas são a *anulação*[12] e o *isolamento*. A primeira tem um grande campo de aplicação e remonta a um passado muito distante. Ela é, por assim

---

12. O termo alemão é *Ungeschehenmachen*, substantivo formado a partir da expressão *ungeschehen machen*, literalmente "fazer desacontecer". Traduções mais literais do substantivo poderiam ser, portanto, "desacontecimento" ou mesmo "desfazimento". (N.T.)

dizer, magia negativa; por meio de um simbolismo motor, ela quer "soprar para longe" não as consequências de um acontecimento (uma impressão, uma vivência), mas ele próprio. Com a escolha da expressão "soprar para longe" indica-se o papel que essa técnica representa não apenas na neurose, mas também nas ações mágicas, nos costumes populares e no cerimonial religioso. Na neurose obsessiva, encontramos a anulação em primeiro lugar nos sintomas de dois tempos, em que o segundo ato suprime o primeiro, como se nada tivesse acontecido, quando na realidade ambos aconteceram. O cerimonial neurótico-obsessivo tem sua segunda raiz na intenção da anulação. A primeira é a prevenção, a precaução para que algo determinado não aconteça, não se repita. É fácil compreender a diferença; as medidas de precaução são racionais, as "supressões" por anulação são irracionais, de natureza mágica. Naturalmente, temos de supor que essa segunda raiz é a mais antiga, proveniente da atitude animista em relação ao mundo circundante. O esforço pela anulação encontra sua nuance em direção ao normal na decisão de tratar um acontecimento como *non arrivé* [não acontecido], mas então a pessoa nada faz a respeito, não se preocupa com o acontecimento nem com suas consequências, enquanto na neurose se busca suprimir o próprio passado, recalcá-lo por via motora. A mesma tendência também pode nos dar a explicação da compulsão à *repetição*, tão frequente na neurose, em cuja execução se reúnem várias intenções mutuamente conflitantes. O que não aconteceu da maneira que, segundo o desejo, deveria ter acontecido é anulado pela sua repetição de outra maneira, ao que se juntam todos os motivos para se demorar nessas repetições. No curso posterior da neurose, a tendência a anular uma vivência traumática revela-se muitas vezes como um motivo de primeira categoria na formação de sintomas. Obtemos assim um conhecimento inesperado sobre uma técnica de defesa nova, motora, ou, como podemos dizer aqui com menor imprecisão, de recalcamento.

A outra das técnicas que cabe descrever como nova é o *isolamento*, que é próprio da neurose obsessiva. Refere-se igualmente à esfera motora e consiste em introduzir uma pausa após um acontecimento desagradável, da mesma maneira que após uma atividade da própria pessoa que seja significativa no sentido da neurose, pausa em que nada mais pode acontecer, nenhuma percepção pode ser feita e nenhuma ação praticada. Esse comportamento inicialmente estranho logo nos revela sua relação com o recalcamento. Sabemos que na histeria é possível fazer uma impressão traumática sucumbir à amnésia; na neurose obsessiva, isso frequentemente não funcionou, a vivência não foi esquecida, mas privada de seu afeto, e suas relações associativas foram reprimidas ou interrompidas, de modo que ela fica como que isolada e tampouco é reproduzida no curso da atividade de pensamento. O efeito desse isolamento é então o mesmo que por ocasião do recalcamento com amnésia. Essa técnica é portanto reproduzida nos isolamentos da neurose obsessiva, mas ao mesmo tempo também é reforçada por via motora com intenção mágica. O que é separado dessa maneira é precisamente aquilo que está relacionado associativamente; o isolamento motor deve dar uma garantia para a interrupção do nexo no pensamento. O processo normal da concentração fornece uma desculpa para esse procedimento da neurose. O que nos parece importante como impressão, como tarefa, não deve ser perturbado pelas exigências simultâneas de outras funções de pensamento ou de outras atividades. Mas, já no caso normal, a concentração é usada para manter à distância não apenas o indiferente, o incabível, mas sobretudo o oposto inadequado. O que é sentido como o mais perturbador é aquilo que originalmente estava relacionado e foi separado violentamente pelo progresso do desenvolvimento, como, por exemplo, as manifestações da ambivalência do complexo paterno na relação com Deus ou as moções dos órgãos excretórios nas excitações amorosas. Assim, normalmente o eu tem um grande trabalho de isolamento a cumprir na condução do fluxo de pensamento, e sabemos que no exercício da técnica analítica precisamos educar o eu a renunciar temporariamente a essa função, de outro modo plenamente justificada.

Todos nós fizemos a experiência de que se torna extremamente difícil ao neurótico obsessivo seguir a regra psicanalítica fundamental. Provavelmente em consequência da elevada tensão conflituosa entre seu supereu e seu isso, seu eu é mais vigilante, seus isolamentos são mais nítidos. Ele tem coisas demais a rechaçar durante seu trabalho de pensamento: a intromissão de fantasias inconscientes, a manifestação de aspirações ambivalentes. Ele não pode se descuidar, encontra-se constantemente em prontidão para a luta. Ele então apoia essa compulsão à concentração e ao isolamento por meio de ações mágicas de isolamento, que se tornam tão chamativas como sintomas e tão importantes do ponto de vista prático, em si mesmas naturalmente são inúteis e têm o caráter de um cerimonial.

Porém, ao buscar impedir associações, ligações de pensamentos, ele obedece a um dos mandamentos mais antigos e fundamentais da neurose obsessiva, o tabu do *toque*. Quando nos perguntamos por que a evitação do toque, do contato, do contágio representa um papel tão grande na neurose e por que é transformada em conteúdo de sistemas tão complicados, encontramos a resposta de que o toque, o contato físico, é a meta mais imediata tanto do investimento objetal agressivo quanto do terno. Eros quer o toque, pois aspira à união, à supressão dos limites espaciais entre o eu e o objeto amado. Mas também a destruição, que antes da invenção das armas de longo alcance apenas podia acontecer de perto, precisa pressupor o toque físico, o colocar a mão. No uso da linguagem, "tocar uma mulher" se transformou num eufemismo para sua utilização como objeto sexual. Não tocar o membro é o teor da proibição da satisfação autoerótica. Visto que de início a neurose obsessiva perseguia o toque erótico, e depois, após a regressão, o toque mascarado como agressão, nada para ela se tornou proibido em tão alto grau, nada mais apropriado para se tornar o centro de um sistema de proibições. Mas o isolamento é a supressão da possibilidade de contato, o meio de privar uma coisa de qualquer toque, e, quando o neurótico também isola uma impressão ou uma atividade por meio de uma pausa, ele nos dá a entender simbolicamente que não quer deixar os pensamentos acerca delas entrar em contato associativo com outros.

Nossas investigações sobre a formação de sintomas chegam até esse ponto. Mal vale a pena resumi-las; são pobres em resultados e ficaram incompletas, além de trazer pouca coisa que já não fosse conhecida anteriormente. Seria inútil levar em conta a formação de sintomas em outras afecções que não as fobias, a histeria de conversão e a neurose obsessiva; sabe-se muito pouco a respeito. Mas já da comparação dessas três neuroses levanta-se um problema grave, cuja abordagem não pode mais ser adiada. O ponto de partida das três é a destruição do complexo de Édipo; em todas, supomos, o medo da castração é o motor da oposição do eu. Mas só nas fobias esse medo aparece, é admitido. O que foi feito dele nas duas outras formas, como foi que o eu se poupou desse medo? O problema ainda se agrava quando pensamos na possibilidade antes mencionada de que o medo provenha, por uma espécie de fermentação, do próprio investimento libidinal perturbado em seu fluxo; e mais: é certo que o medo da castração é o único motor do recalcamento (ou da defesa)? É preciso duvidar disso quando se pensa nas neuroses das mulheres, pois tão certo quanto se pode constatar nelas o complexo de castração, não se pode, porém, falar de um medo da castração em sentido próprio quando a castração já foi consumada.

VII

Retornemos às zoofobias infantis; afinal, conhecemos esses casos melhor que todos os outros. Nesse caso, portanto, o eu precisa intervir contra um investimento objetal libidinal do isso (o do complexo de Édipo positivo ou negativo), porque entendeu que ceder a ele traria consigo o perigo da castração. Já discutimos isso e agora ainda encontramos ocasião de esclarecer uma dúvida que ficou dessa primeira discussão. No caso do pequeno Hans (ou seja, no caso do complexo de Édipo positivo), devemos supor que a moção que provoca a defesa do eu é a terna pela mãe ou a agressiva em relação ao pai? Isso pareceria indiferente do ponto de vista prático, em especial porque as duas moções se condicionam mutuamente, mas há um interesse teórico ligado a essa pergunta, pois apenas a corrente terna pela mãe pode ser considerada puramente erótica. A agressiva é essencialmente dependente do impulso de destruição, e sempre acreditamos que na neurose o eu se defende contra as exigências da libido, não dos outros impulsos. Vemos de fato que após a formação da fobia a ligação terna com a mãe como que desapareceu; ela foi despachada radicalmente pelo recalcamento, mas a formação de sintomas (de substitutos) se consumou a partir da moção agressiva. No caso do homem dos lobos é mais simples; a moção recalcada é realmente uma moção erótica, a atitude feminina em relação ao pai, e a partir dela também se consuma a formação de sintomas.

É quase vergonhoso que após um trabalho tão longo ainda encontremos dificuldades na apreensão das relações mais fundamentais, mas nos propusemos a não simplificar nem esconder nada. Se não podemos ver com clareza, queremos pelo menos ver nitidamente as obscuridades. O que aqui está em nosso caminho é evidentemente uma desigualdade no desenvolvimento de nossa teoria dos impulsos. Inicialmente, seguimos as organizações da libido desde a fase oral, passando pela anal-sádica e chegando à genital, e, ao fazê-lo, equiparamos entre si todos os componentes do impulso sexual. Mais tarde, o sadismo nos pareceu ser o representante de outro impulso, oposto a eros. A nova concepção, que considerava dois grupos de impulsos, parece desmantelar a construção mais antiga, com suas fases sucessivas de organização libidinal. Mas não precisamos inventar do nada a útil saída para essa dificuldade. Ela já se ofereceu a nós há muito tempo, e seu teor é que dificilmente lidamos alguma vez com moções de impulso puras, mas em geral com ligas dos dois impulsos em diferentes proporções. Portanto, o investimento objetal sádico também tem direito a ser tratado como libidinal, as organizações da libido não precisam ser revisadas, a moção agressiva em relação ao pai pode se tornar objeto de recalcamento com o mesmo direito que a moção terna pela mãe. De qualquer modo, deixemos à parte, como material para reflexão posterior, a possibilidade de que o recalcamento seja um processo que tem uma relação especial com a organização genital da libido, que o eu recorra a outros métodos de defesa quando precisa se defender da libido em outras fases de organização e, seguindo em frente: um caso como o do pequeno Hans não nos permite qualquer decisão; é verdade que aqui se despacha uma moção agressiva por recalcamento, mas depois que a organização genital já foi alcançada.

Desta vez não queremos perder de vista a relação com o medo. Havíamos afirmado que, tão logo reconhece o perigo da castração, o eu dá o sinal de medo e inibe o processo de investimento ameaçador no isso por meio da instância do prazer-desprazer, de uma maneira que não pode ser compreendida mais a fundo. Ao mesmo tempo se consuma a formação da fobia. O medo da castração recebe outro objeto e uma expressão distorcida: ser mordido pelo cavalo (comido pelo lobo) em vez de ser castrado pelo pai. A formação substitutiva tem duas vantagens evidentes: a primeira é que evita um conflito de ambivalência, pois o pai é ao mesmo tempo um objeto amado; a segunda, que permite ao eu suspender o desenvolvimento de medo. Pois o medo da fobia é facultativo, ele surge apenas quando seu objeto se torna alvo da percepção. Isso é inteiramente correto, pois só então existe a situação de perigo. Também não se precisa temer a castração por um pai ausente. Mas o pai não pode ser eliminado, ele aparece sempre que quiser. Porém, se ele for substituído pelo animal, basta evitar a visão do animal, isto é, sua presença, para estar livre do perigo e do medo. O pequeno Hans impõe portanto a seu eu uma restrição; ele produz a inibição de não sair à rua para não topar com cavalos. Para o pequeno russo a coisa é ainda mais cômoda; mal é uma renúncia para ele não tocar mais em certo livro ilustrado. Se sua irmã maldosa não lhe mostrasse repetidamente a imagem do lobo em pé contida nesse livro, ele poderia se sentir seguro frente a seu medo.

Certa vez atribuí à fobia o caráter de uma projeção pelo fato de ela substituir um perigo impulsional interno por um perigo percepcional externo. Isso traz a vantagem de que a pessoa pode se proteger do perigo externo através de fuga e evitação da percepção, enquanto fuga alguma adianta frente ao perigo de dentro. Minha observação não está incorreta, mas ela fica na superfície. Afinal, a exigência impulsional não é um perigo em si, mas apenas porque traz consigo um autêntico perigo externo, o da castração. Assim,

no fundo, ocorre na fobia apenas a substituição de um perigo externo por outro. O fato de na fobia o eu poder escapar do medo mediante uma evitação ou um sintoma inibitório se harmoniza muito bem com a concepção de que esse medo é apenas um sinal afetivo e de que nada mudou na situação econômica.
O medo próprio das zoofobias é, portanto, uma reação afetiva do eu ao perigo; o perigo sinalizado aqui, o da castração. Não há qualquer diferença em relação ao medo real que o eu normalmente manifesta em situações de perigo, a não ser o fato de o conteúdo do medo permanecer inconsciente e se tornar consciente apenas numa desfiguração.

Essa mesma concepção, creio eu, também se mostrará válida para as fobias dos adultos, embora o material utilizado pela neurose seja muito mais abundante e se somem alguns fatores à formação de sintomas. No fundo é a mesma coisa. O agorafóbico impõe uma restrição a seu eu a fim de escapar de um perigo impulsional. O perigo impulsional é a tentação de ceder a seus desejos eróticos, por meio do que, como na infância, ele invocaria outra vez o perigo da castração ou algum análogo. Como exemplo simples, cito o caso de um jovem que se tornou agorafóbico porque temia ceder às seduções de prostitutas e contrair sífilis como punição.

Bem sei que muitos casos mostram uma estrutura mais complicada e que muitas outras moções de impulso recalcadas podem desembocar na fobia, mas essas são apenas auxiliares e, na maioria das vezes, se ligaram posteriormente ao núcleo da neurose. A sintomatologia da agorafobia se complica pelo fato de o eu não se contentar em renunciar a algo; ele ainda acrescenta algo para privar a situação de seu perigo. Esse acréscimo normalmente é uma regressão temporal aos anos de infância (no caso extremo, até o útero materno, a uma época em que se estava protegido dos perigos ameaçadores de hoje) e aparece como a condição sob a qual a renúncia pode deixar de ser feita. Assim, o agorafóbico pode sair à rua se, como uma criança pequena, for acompanhado por uma pessoa de sua confiança. A mesma consideração também poderá lhe permitir sair sozinho, desde que não se afaste de sua casa além de certa distância, não vá a lugares que não conhece bem e onde as pessoas não o conhecem. Na escolha dessas determinações mostra-se a influência dos fatores infantis, que o dominam através de sua neurose. Completamente inequívoca, mesmo sem tal regressão infantil, é a fobia de ficar sozinho, que no fundo quer evitar a tentação do onanismo solitário. A condição dessa regressão infantil é naturalmente o afastamento temporal em relação à infância.

Via de regra, a fobia se estabelece depois que, sob certas circunstâncias – na rua, no trem, sozinho –, se vivenciou um primeiro ataque de medo. Em seguida o medo é afastado, mas reaparece sempre que a condição protetora não pode ser satisfeita. Como meio de defesa, o mecanismo da fobia presta bons serviços e mostra uma grande tendência à estabilidade. Com frequência, mas não necessariamente, ocorre uma continuação da luta defensiva, que agora se dirige contra o sintoma.

O que aprendemos sobre o medo nas fobias ainda pode ser aproveitado para a neurose obsessiva. Não é difícil reduzir sua situação à da fobia. Na neurose obsessiva, o motor de toda posterior formação de sintomas é evidentemente o medo que o eu sente de seu supereu. A hostilidade do supereu é a situação de perigo da qual o eu precisa escapar. Falta aqui qualquer aparência de uma projeção, o perigo está totalmente interiorizado. Mas se nos perguntarmos o que o eu teme da parte do supereu, impõe-se a concepção de que a punição do supereu é um aperfeiçoamento da punição da castração. Assim como o supereu é o pai tornado impessoal, o medo da castração que ameaça através dele se transformou em medo social indeterminado ou medo da consciência moral.[13] Mas esse medo está encoberto; o eu escapa dele ao executar obedientemente os mandamentos, prescrições e ações de penitência que lhe foram impostos. Quando é impedido de fazê-lo, surge de imediato um mal-estar extremamente desagradável,

---

13. Em alemão, "medo da consciência moral" é *Gewissensangst*, termo que costuma ser vertido por "escrúpulos", "remorsos". (N.T.)

no qual podemos ver o equivalente do medo e que os próprios pacientes equiparam a este. Eis, portanto, o nosso resultado: o medo é a reação à situação de perigo; ele é poupado quando o eu faz alguma coisa para evitar a situação ou dela escapar. Poderíamos dizer que os sintomas são criados para evitar o desenvolvimento de medo, mas isso não permite ver as coisas a fundo. É mais correto afirmar que os sintomas são criados para evitar a *situação de perigo* que é sinalizada pelo desenvolvimento de medo. Mas, nos casos considerados até agora, esse perigo era a castração ou algo derivado dela.

Se o medo é a reação do eu ao perigo, é natural compreender a neurose traumática, que com tanta frequência se segue a um perigo mortal superado, como consequência direta do medo de viver ou do medo da morte, negligenciando as relações de dependência do eu e a castração. Foi o que também fez a maioria dos observadores das neuroses traumáticas da última guerra, e anunciou-se triunfalmente que agora se tinha a prova de que uma ameaça ao impulso de autoconservação poderia gerar uma neurose sem qualquer participação da sexualidade e sem considerar as complicadas hipóteses da psicanálise. É de fato extremamente lamentável que não exista uma única análise aproveitável de uma neurose traumática. Não por contradizer o significado etiológico da sexualidade – pois essa contradição foi eliminada há muito tempo pela introdução do narcisismo, que coloca o investimento libidinal do eu na mesma série dos investimentos objetais e acentua a natureza libidinal do impulso de autoconservação –, mas porque devido à falta dessas análises perdemos a mais valiosa oportunidade de obter esclarecimentos decisivos sobre a relação entre o medo e a formação de sintomas. Depois de tudo o que sabemos sobre a estrutura das neuroses mais simples da vida cotidiana, é bastante improvável que uma neurose surgisse apenas devido ao fato objetivo de uma ameaça, sem participação das camadas inconscientes mais profundas do aparelho psíquico. Porém, não existe nada no inconsciente que possa dar um conteúdo ao nosso conceito de aniquilação da vida. A castração se torna por assim dizer imaginável por meio da experiência diária de separar-se do conteúdo intestinal e pela perda do seio materno vivenciada no desmame; porém, algo semelhante à morte jamais foi vivenciado ou, como no desmaio, não deixou qualquer traço demonstrável. Por isso me atenho à suposição de que cabe compreender o medo da morte como um análogo do medo da castração, e que a situação à qual o eu reage é o fato de ser abandonado pelo supereu protetor – às potências do destino –, com o que termina a proteção contra todos os perigos. Além disso, entra em conta o fato de nas vivências que levam à neurose traumática a proteção exterior contra estímulos ser rompida e quantidades imensas de excitação chegarem ao aparelho psíquico, de modo que se apresenta aqui uma segunda possibilidade, a de que o medo não apenas sinaliza como afeto, mas, a partir das condições econômicas da situação, seja gerado como algo novo.

Por meio da observação recém-feita de que o eu é preparado para a castração pela perda de objetos regularmente repetida adquirimos uma nova concepção do medo. Se até aqui o considerávamos como o sinal afetivo do perigo, agora, visto que tantas vezes se trata do perigo da castração, ele nos parece ser a reação a uma perda, a uma separação. Por mais que muitas coisas que se apresentem de imediato contradigam essa conclusão, uma coincidência bastante notável tem de chamar nossa atenção. A primeira experiência de medo, pelo menos do ser humano, é o nascimento, e este significa objetivamente ser separado da mãe, podendo ser comparado a uma castração da mãe (segundo a equação "criança = pênis"). Seria muito satisfatório se, como símbolo de uma separação, o medo se repetisse em cada separação posterior, mas, infelizmente, o aproveitamento dessa coincidência é impedido pelo fato de o nascimento não ser vivenciado subjetivamente como separação da mãe, visto que para o feto, inteiramente narcisista, esta é completamente desconhecida como objeto. Outra reserva dirá que conhecemos as reações afetivas a uma separação e que as sentimos como dor e luto, não como medo. No entanto, recordemo-nos que por ocasião da discussão do luto tampouco pudemos compreender por que ele é tão doloroso.

VIII

É chegada a hora de refletir. Procuramos evidentemente por uma compreensão que nos dê acesso à essência do medo, um "ou isto, ou aquilo" que separe a verdade sobre ele do erro. Mas é difícil conseguir isso; não é simples apreender o medo. Até agora, nada conseguimos senão contradições, entre as quais não era possível uma escolha isenta de preconceitos. Proponho agora fazer as coisas de outra maneira; queremos reunir imparcialmente tudo o que pudermos dizer sobre o medo, renunciando à expectativa de uma nova síntese.

O medo é, portanto, em primeiro lugar algo sentido. Nós o chamamos de estado afetivo, embora tampouco saibamos o que seja um afeto. Como sensação, ele tem um caráter desprazeroso extremamente evidente, mas isso não esgota sua qualidade; não podemos chamar todo desprazer de medo. Há outras sensações de caráter desprazeroso (tensões, dor, luto), e além dessa qualidade desprazerosa o medo precisa ter outras peculiaridades. Uma pergunta: chegaremos a compreender as diferenças entre esses variados afetos desprazerosos?

Em todo caso, podemos depreender alguma coisa da sensação de medo. Seu caráter desprazeroso parece ter uma nota especial; é difícil de demonstrar, mas é provável; não seria nada que chamasse a atenção. Mas, além desse caráter peculiar dificilmente isolável, percebemos no medo sensações físicas mais determinadas que relacionamos com determinados órgãos. Visto que a fisiologia do medo não nos interessa aqui, basta-nos destacar alguns representantes dessas sensações, ou seja, as mais frequentes e nítidas que ocorrem nos órgãos respiratórios e no coração. Elas são provas de que inervações motoras, ou seja, processos de descarga, tomam parte do medo como um todo. A análise do estado de medo fornece, portanto: 1) um caráter desprazeroso específico, 2) ações de descarga e 3) percepções acerca destas.

Os pontos 2 e 3 já nos fornecem uma diferença em relação aos estados semelhantes, como por exemplo o luto e a dor. A estes não correspondem manifestações motoras; quando existem, separam-se nitidamente, não como componentes do todo, mas como consequências dele ou reações a ele. O medo é, portanto, um estado desprazeroso particular com ações de descarga por vias determinadas. Segundo nossas concepções gerais, acreditaremos que na base do medo há um aumento da excitação, que, por um lado, produz o caráter desprazeroso e, por outro, alivia esse medo por meio das mencionadas descargas. Mas esse resumo puramente fisiológico mal nos bastará; somos tentados a supor que exista um fator histórico que amarra firmemente as sensações e as inervações do medo umas às outras.[14] Em outras palavras, supomos que o estado de medo é a reprodução de uma vivência que contém as condições de tal aumento dos estímulos e a descarga por determinadas vias, algo que portanto confere ao desprazer do medo seu caráter específico. No caso do ser humano, o nascimento se oferece a nós como tal vivência exemplar, e por isso estamos inclinados a ver no estado de medo uma reprodução do trauma do nascimento. Com isso não afirmamos nada que concedesse ao medo uma posição de exceção entre os estados afetivos. Somos da opinião de que também os outros afetos são reproduções de acontecimentos antigos, de importância vital, eventualmente pré-individuais, e, como ataques histéricos gerais, típicos, inatos, nós os comparamos aos ataques da neurose histérica adquiridos tardia e individualmente cuja gênese e significação como símbolos mnêmicos se tornaram claras para nós graças à análise.[15]

---

14. Com relação a essa teoria histórico-biológica dos afetos ver Charles Darwin, *A expressão das emoções no homem e nos animais*, trad. Leon Garcia, São Paulo, Companhia das Letras, 2000. (N.R.)

15. Essa ordem de ideias foi apresentada de modo claro na XXV· das *Conferências introdutórias sobre psicanálise, 1916-1917*: "um estado afetivo seria formado da mesma maneira que um ataque histérico, seria, como esse, o sedimento de uma reminiscência. Um ataque histérico é, portanto, comparável a um afeto individual recém-formado, já um afeto normal é a expressão de uma histeria universal que se tornou herança" (in: *Freud-Studienausgabe*, 5. ed. corrigida, Frankfurt am Main, 1982, Fischer, vol. I, p. 383). Essa comparação aparecera pela primeira vez em um trabalho de 1909, *Allgemeines über den hysterischen Anfall* (Considerações gerais sobre o ataque histérico). (N.R.)

Naturalmente, seria muito desejável poder demonstrar essa concepção para uma série de outros afetos, algo de que estamos hoje muito distantes.

A explicação do medo pelo evento do nascimento precisa se defender contra objeções evidentes. O medo é provavelmente uma reação característica de todos os organismos, ou pelo menos de todos os organismos superiores; o parto é vivenciado apenas pelos mamíferos, e é questionável que tenha o significado de um trauma para todos eles. Ou seja, existe medo sem o modelo do nascimento. Mas essa objeção ultrapassa as barreiras entre a biologia e a psicologia. Precisamente porque o medo tem uma função biologicamente imprescindível a cumprir, como reação ao estado de perigo, é possível que ele tenha sido organizado de maneira diferente em seres vivos diferentes. Também não sabemos se nos seres vivos mais afastados do homem ele tem o mesmo conteúdo de sensações e inervações que tem neste último. Isso não impede, portanto, que no caso do ser humano o medo tome por modelo o processo de nascimento.

Se isso é a estrutura e a proveniência do medo, a questão seguinte é: qual é sua função? Em que ocasiões é reproduzido? A resposta parece ser óbvia e convincente. O medo surgiu como reação a um estado de *perigo* e agora é reproduzido regularmente quando tal estado reaparece.

No entanto, cabe observar algumas coisas a propósito disso. As inervações do estado original de medo provavelmente também eram razoáveis e adequadas, exatamente como as ações musculares do primeiro ataque histérico. Se quisermos explicar o ataque histérico, apenas precisamos buscar a situação em que os movimentos correspondentes eram parte de uma ação justificada. Assim, durante o parto, o direcionamento da inervação para os órgãos respiratórios provavelmente preparou a atividade dos pulmões, e a aceleração do batimento cardíaco pretendeu atuar contra a intoxicação do sangue. Naturalmente, essa adequação está ausente na reprodução posterior do estado de medo como afeto, assim como também se percebe sua falta no ataque histérico repetido. Se, portanto, o indivíduo entra numa nova situação de perigo, poderá ser inadequado que responda com o estado de medo, a reação a um perigo anterior, em vez de adotar a reação adequada ao perigo de agora. Mas a adequação volta a se destacar quando se reconhece a aproximação da situação de perigo e ela é sinalizada pelo ataque de medo. Então o medo pode ser substituído imediatamente por medidas mais apropriadas. Ou seja, distinguem-se de imediato duas possibilidades de surgimento do medo: uma delas, inadequada, em uma situação de perigo nova; a outra, adequada, para sinalização e prevenção de tal situação.

Mas o que é um "perigo"? No ato do nascimento há um perigo objetivo para a conservação da vida; sabemos o que isso significa na realidade. Mas psicologicamente isso não nos diz coisa alguma. O perigo do nascimento ainda não tem qualquer conteúdo psíquico. Certamente não podemos pressupor no feto nada que se aproxime de algum modo de uma espécie de conhecimento sobre a possibilidade de um desfecho com aniquilação da vida. O feto não pode perceber outra coisa senão uma imensa perturbação na economia de sua libido narcísica. Grandes montantes de excitação chegam até ele, geram novas sensações desprazerosas e muitos órgãos obtêm à força investimentos elevados, o que é como um prelúdio do investimento objetal que logo terá início; o que disso tudo será aproveitado como marca distintiva de uma "situação de perigo"?

Infelizmente, sabemos muito pouco sobre a constituição psíquica do recém-nascido para responder a essa pergunta diretamente. Não posso sequer garantir a utilidade da descrição que acabei de dar. É fácil dizer que o recém-nascido repetirá o afeto de medo em todas as situações que o lembrarem do evento do nascimento. No entanto, o que o faz lembrar-se e do que ele se lembra continuam sendo os pontos decisivos.

Mal nos resta outra coisa senão estudar as ocasiões em que o lactente ou a criança um pouco mais velha se mostra pronta ao desenvolvimento de medo. Em seu livro *O trauma do nascimento* (1924), Rank fez uma tentativa bastante enérgica de demonstrar as relações entre as fobias mais precoces da criança e a impressão do evento do nascimento, só que não posso considerá-la bem-sucedida. Pode-se censurá-la por duas coisas: em primeiro lugar, por estar apoiada no pressuposto de que a criança recebeu determinadas impressões sensoriais durante o nascimento, em especial de natureza visual, cuja renovação pode evocar a lembrança do trauma do nascimento e assim a reação de medo. Essa hipótese é completamente indemonstrada e bastante improvável; não é crível que a criança tenha conservado do processo de nascimento outras sensações que não as táteis e gerais. Assim, se mais tarde a criança demonstra medo de pequenos animais que desaparecem em buracos ou que deles saem, Rank explica essa reação pela percepção de uma analogia, da qual a criança no entanto não pode se dar conta. Em segundo lugar porque, na apreciação dessas situações posteriores de medo, Rank torna efetiva, conforme a necessidade, a lembrança da feliz existência intrauterina ou de sua perturbação traumática, o que escancara as portas e os portões para a arbitrariedade na interpretação. Alguns casos desse medo infantil se opõem diretamente à aplicação do princípio de Rank. Quando a criança é deixada sozinha num lugar escuro, seria de esperar que recebesse com satisfação esse restabelecimento da situação intrauterina, e se o fato de que precisamente então ela reage com medo é explicado pela lembrança da perturbação dessa felicidade pelo nascimento, não se pode ignorar por mais tempo o que há de forçado nessa tentativa de explicação.

Sou obrigado a concluir que as fobias infantis mais precoces não admitem uma derivação direta da impressão do ato do nascimento e que até agora se esquivaram à explicação. É inegável certa prontidão ao medo no lactente. Ela não é mais forte aproximadamente logo após o nascimento para então diminuir aos poucos, mas surge apenas mais tarde com o progresso do desenvolvimento psíquico e perdura por certo período da infância. Se se estendem além desse tempo, tais fobias precoces despertam a suspeita de uma perturbação neurótica, embora de forma alguma nos seja compreensível sua relação com as posteriores neuroses evidentes da infância.

Compreendemos apenas poucos casos da manifestação infantil de medo; precisaremos nos ater a eles. São estes: quando a criança está sozinha, no escuro e quando encontra uma pessoa estranha no lugar daquela que conhece (a mãe). Esses três casos se reduzem a uma única condição, a de sentir a falta da pessoa amada (ansiada). Mas a partir daí está livre o caminho para a compreensão do medo e a pacificação das contradições que parecem se ligar a ele.

A imagem mnêmica da pessoa ansiada com certeza é investida de maneira intensa, de início provavelmente alucinatória. Mas isso não tem sucesso, e então parece que essa ânsia se converte em medo. Isso realmente dá a impressão de que esse medo seria uma expressão de perplexidade, como se o ser ainda muito pouco desenvolvido não soubesse fazer coisa melhor com esse investimento de anseio. Assim, o medo aparece como reação à falta que se sente do objeto, e impõem-se a nós as analogias de que também o medo da castração tem por conteúdo a separação de um objeto muito estimado e que o medo mais originário (o *medo primordial* sentido no parto) surgiu quando se foi separado da mãe.

A reflexão seguinte conduz além dessa ênfase na perda do objeto. Se o lactente exige a percepção da mãe, isso apenas ocorre porque ele sabe por experiência que a mãe satisfará todas as suas necessidades sem demora. A situação que ele avalia como "perigo", contra a qual quer estar assegurado, é, portanto, a da insatisfação, do *aumento da tensão de necessidade*, frente à qual ele é impotente. Considero que deste ponto de vista tudo se organiza; a situação de insatisfação, na qual quantidades de estímulo alcançam um nível desprazeroso sem serem controladas mediante uso psíquico e descarga, deve ser para o lactente a analogia com a vivência do nascimento, a repetição da situação de perigo; o elemento comum a ambas é a perturbação econômica pelo aumento das quantidades de estímulo que exigem eliminação, fator que é, portanto, o verdadeiro núcleo do "perigo". Nos dois casos, surge a reação de medo, que também no lactente ainda se mostra adequada, pois o direcionamento da descarga à musculatura respiratória e vocal chama a mãe agora tal como antes estimulava a atividade pulmonar a eliminar os estímulos internos. A criança não precisa ter conservado de seu nascimento mais do que essa capacidade de assinalar o perigo.

Com a experiência de que um objeto externo, apreensível pela percepção, pode dar um fim à situação perigosa que lembra o nascimento, o conteúdo do perigo se desloca da situação econômica à sua condição, a perda do objeto. A ausência da mãe passa a ser agora o perigo cuja ocorrência leva o lactente a dar o sinal de medo ainda antes que a temida situação econômica se apresente. Essa mudança significa um primeiro grande progresso no cuidado com a autoconservação; ela inclui ao mesmo tempo a passagem do ressurgimento automático e involuntário do medo à sua reprodução intencional como sinal de perigo.

Nos dois aspectos, tanto como fenômeno automático quanto como sinal salvador, o medo se mostra como produto do desamparo psíquico do lactente, o qual é a contraparte óbvia de seu desamparo biológico. Não requer interpretação psicológica a chamativa coincidência de que tanto o medo do nascimento quanto o medo do lactente reconheçam a condição da separação da mãe; ela se esclarece biologicamente de uma forma bastante simples a partir do fato de a mãe, que de início tinha apaziguado todas as necessidades do feto através dos dispositivos de seu corpo, continuar com essa mesma função, em parte com outros meios, também depois do nascimento. A vida intrauterina e a primeira infância formam um *continuum* numa proporção muito maior do que a chamativa cesura do ato do nascimento nos permitiria acreditar. A mãe como objeto psíquico substitui para a criança a situação fetal biológica. Por isso, não podemos esquecer que na vida intrauterina a mãe não era um objeto e que nesse período não havia objetos.

É fácil de ver que nesse contexto não há espaço para uma ab-reação do trauma do nascimento e que não se pode encontrar outra função para o medo senão a de um sinal para evitar a situação de perigo. No entanto, a perda do objeto como condição causadora de medo ainda continua agindo por um bom tempo. A transformação seguinte do medo, o medo da castração que aparece na fase fálica, é um medo da separação e se liga à mesma condição. Aqui o perigo é ser separado dos genitais. Um raciocínio de Ferenczi, que parece plenamente justificado, permite-nos reconhecer com clareza a linha de conexão com os conteúdos anteriores da situação de perigo. A elevada valoração narcísica do pênis pode se referir ao fato de a posse desse órgão conter a garantia para uma nova união com a mãe (a substituta da mãe) no ato do coito. A privação desse membro equivale a uma nova separação da mãe; significa, portanto, ser outra vez abandonado sem amparo a uma tensão de necessidade desprazerosa (como no nascimento). Porém, a necessidade cujo aumento agora se teme é especializada, a da libido genital, e não mais uma necessidade qualquer como no período de lactância. Acrescento aqui que a fantasia de retornar ao ventre materno é o substituto do coito no caso do impotente (do inibido pela ameaça de castração). No sentido de Ferenczi, pode-se dizer que o indivíduo que, para retornar ao ventre materno, queria se fazer representar pelo seu órgão genital neste caso substitui regressivamente esse órgão por sua pessoa inteira.

Os progressos no desenvolvimento da criança, o aumento de sua independência, a separação mais nítida de seu aparelho psíquico em várias instâncias e o surgimento de novas necessidades não podem deixar de ter influência sobre o conteúdo da situação de perigo. Acompanhamos sua transformação desde a perda do objeto materno até a castração e vemos que o próximo passo é causado pelo poder do supereu.

Com a impersonalização da instância parental, pela qual se temia ser castrado, o perigo se torna mais indefinido. O medo da castração se transforma em medo da consciência moral, em medo social. Agora não é mais tão fácil indicar o que o medo teme. A fórmula "separação, exclusão da horda" refere-se apenas àquela parte mais tardia do supereu que se desenvolveu apoiando-se em modelos sociais, não ao seu núcleo, que corresponde à instância parental introjetada. Em termos mais gerais, o que o eu avalia como perigo e ao que responde com o sinal de medo é a fúria, a punição do supereu, a perda de seu amor. Parece-me que a última transformação desse medo do supereu é o medo da morte (da vida), o medo da projeção do supereu nas potências do destino.

Em outra época, atribuí certo valor à formulação segundo a qual o investimento retirado por ocasião do recalcamento é empregado como descarga do medo. Mas hoje isso mal me parece algo que valha a pena saber. A diferença está no fato de que antes eu acreditava que o medo surgia automaticamente em todos os casos por meio de um processo econômico, enquanto a concepção atual do medo como um sinal proposital do eu com a finalidade de influenciar a instância do prazer-desprazer nos torna independentes dessa coação econômica. Naturalmente, não há nada a dizer contra a hipótese de que para despertar o afeto o eu emprega precisamente a energia liberada pela retirada por ocasião do recalcamento, mas não tem mais importância saber com que parcela de energia isso acontece.

Outra tese que certa vez expressei exige ser revisada à luz de nossa nova concepção. Trata-se da afirmação de que o eu é a verdadeira sede do medo[16]; penso que ela se mostrará correta. Pois não temos qualquer motivo para atribuir ao supereu alguma manifestação de medo. Contudo, quando se fala de um "medo próprio do isso", cabe não contradizer tal ideia, mas corrigir uma expressão desajeitada. O medo é um estado afetivo que naturalmente apenas pode ser sentido pelo eu. O isso não pode ter medo como o eu, ele não é uma organização, não pode avaliar situações de perigo. Em compensação, é um acontecimento extremamente frequente que no isso se preparem ou se consumem processos que dão motivo ao eu para desenvolver medo; na realidade, os recalcamentos provavelmente mais precoces, assim como a maioria de todos os posteriores, são motivados por esse medo que o eu tem de alguns processos no isso. Distinguimos aqui novamente, com boas razões, dois casos: aquele em que acontece algo no isso que ativa uma das situações de perigo para o eu e assim o leva a dar

---

16. Ver *Das Ich und das Es* (*O eu e o isso*), 1923, in: *Freud-Studienausgabe*, 5. ed. corrigida, Frankfurt am Main, 1982, Fischer, vol. 3, p. 323. (N.R.)

o sinal de medo para fins de inibição, e o outro caso em que se produz no isso a situação análoga ao trauma do nascimento, na qual a reação de medo ocorre automaticamente. Aproximamos os dois casos entre si se ressaltarmos que o segundo corresponde à situação de perigo primeira e original, mas o primeiro, a uma das condições do medo derivadas posteriormente dessa situação. Ou, relacionando isso com as afecções realmente encontradas: o segundo caso se concretiza na etiologia das neuroses atuais, e o primeiro permanece característico das psiconeuroses.

Vemos agora que não precisamos depreciar investigações anteriores, mas meramente relacioná-las com as concepções mais novas. Não se pode negar que em casos de abstinência, de perturbação abusiva do fluxo da excitação sexual ou de afastamento desta de sua elaboração psíquica, o medo surge diretamente da libido, ou seja, que se estabelece aquele estado de desamparo do eu diante de uma imensa tensão de necessidade que, como no nascimento, acaba num desenvolvimento de medo, algo que coloca outra vez uma possibilidade indiferente, porém óbvia, de que justamente o excesso de libido não utilizada encontre sua descarga no desenvolvimento de medo. Vemos que no solo dessas neuroses atuais as psiconeuroses se desenvolvem de maneira especialmente fácil, o que provavelmente quer dizer que o eu faz tentativas de poupar o medo, que aprendeu a suspender por um tempo, e ligá-lo por meio de uma formação de sintomas. A análise das neuroses traumáticas de guerra, cujo nome no entanto abrange afecções muito variadas, provavelmente teria demonstrado que algumas delas têm participação nas características das neuroses atuais.

Quando apresentávamos o desenvolvimento das diferentes situações de perigo a partir do modelo original do nascimento, estava longe de nós afirmar que toda condição de medo posterior simplesmente invalida a anterior. No entanto, os progressos no desenvolvimento do eu contribuem para depreciar a situação de perigo anterior e empurrá-la para o lado, de modo que se pode dizer que a uma determinada idade do desenvolvimento corresponde certa condição de medo de uma maneira como que adequada. O perigo do desamparo psíquico condiz com o período de imaturidade do eu, assim como o perigo da perda do objeto com a dependência dos primeiros anos da infância, o perigo de castração com a fase fálica e o medo do supereu com o período de latência. No entanto, todas essas situações de perigo e condições de medo podem continuar coexistindo e levar o eu a uma reação de medo também em períodos posteriores aos adequados, ou várias delas podem entrar em atividade ao mesmo tempo. Provavelmente também existam relações mais estreitas entre a situação de perigo ativa e a forma da neurose que a ela se segue.[17]

Quando numa parte anterior dessas investigações topamos com a importância do perigo de castração em mais de uma afecção neurótica, advertimos a nós mesmos para não superestimar esse fator, visto que ele não poderia ser decisivo no sexo feminino, certamente

---

[17] Desde a distinção entre eu e isso, nosso interesse nos problemas do recalcamento também precisou ser reavivado. Até então, bastaranos considerar os lados do processo voltados para o eu, a saber, o afastamento em relação à consciência e à motilidade e a formação de substitutos (sintomas); quanto à própria moção impulsional recalcada, supúnhamos que permanecesse inalterada no inconsciente por um tempo indefinidamente longo. Agora o interesse se volta aos destinos do recalcado, e suspeitamos que tal continuidade inalterada e inalterável não é óbvia, talvez nem sequer comum. Em todo caso, a moção impulsional original foi inibida e desviada de sua meta pelo recalcamento. Mas será que seu sedimento ficou conservado no inconsciente e se mostrou resistente às influências da vida, que são modificadoras e depreciadoras? Ou seja, ainda existem os antigos desejos de cuja existência anterior a análise nos dá notícia? A resposta parece evidente e garantida: os antigos desejos recalcados ainda têm de continuar existindo no inconsciente, visto que ainda encontramos em atividade seus derivados, os sintomas. Mas essa resposta não é suficiente, ela não permite decidir entre duas possibilidades: se o antigo desejo atua agora apenas através de seus derivados, aos quais transferiu toda a sua energia de investimento, ou se, além disso, ele próprio se conservou. Se seu destino foi esgotar-se no investimento de seus derivados, ainda resta a terceira possibilidade de que ele tenha sido reanimado no curso da neurose através de regressão, por mais anacrônico que tal desejo possa ser atualmente. Não é preciso considerar inúteis essas ponderações; muitas coisas nos fenômenos tanto da vida psíquica patológica quanto da normal parecem exigir tais perguntas. Em meu estudo sobre o declínio do complexo de Édipo, passei a prestar atenção à diferença entre o mero recalcamento e a supressão real de uma antiga moção de desejo.

mais predisposto à neurose. Vemos agora que não corremos perigo de declarar o medo da castração como o único motor dos processos defensivos que levam à neurose. Em outro texto[18], expus de que forma o desenvolvimento da menininha é dirigido pelo complexo de castração rumo ao investimento objetal terno. Parece que precisamente na mulher a situação de perigo da perda de objeto continuou sendo a mais efetiva. No caso dela, podemos acrescentar à sua condição de medo a pequena modificação de que não se trata mais de sentir a falta do objeto ou de sua perda real, mas da perda do amor da parte do objeto. Tal como é certo que a histeria tem uma afinidade maior com a feminilidade, da mesma forma que a neurose obsessiva com a masculinidade, é natural supor que a condição de medo que consiste na perda do amor representa na histeria um papel semelhante ao da ameaça de castração nas fobias e ao do medo do supereu na neurose obsessiva.

---

18. "Algumas consequências psíquicas da diferença anatômica entre os sexos" (1925 j). (N.T.)

IX

O que resta agora é tratar das relações entre a formação de sintomas e o desenvolvimento de medo. Duas opiniões a respeito parecem estar amplamente difundidas. Uma declara que o próprio medo é um sintoma da neurose, a outra acredita numa relação muito mais estreita entre ambos. Segundo esta última, toda formação de sintomas apenas seria empreendida para escapar do medo; os sintomas ligam a energia psíquica que de outra forma seria descarregada como medo, de maneira que este seria o fenômeno fundamental e o principal problema da neurose.[19]

A legitimidade pelo menos parcial da segunda afirmação pode ser demonstrada por exemplos concludentes. Se alguém acompanha um agorafóbico à rua e lá o deixa entregue a si mesmo, ele produz um ataque de medo; quando se impede um neurótico obsessivo de lavar as mãos após um contato, ele se torna presa de um medo quase intolerável. É portanto claro que a condição de ser acompanhado e o ato obsessivo de lavar-se tinham o propósito e também o resultado de impedir

---

19. Nesta passagem o conceito de *Angst* está mais próximo ao conceito de "angústia". (N.R.)

tais irrupções de medo. Nesse sentido, toda inibição que o eu se impõe também pode ser chamada de sintoma. Visto que atribuímos o desenvolvimento de medo à situação de perigo, preferiremos dizer que os sintomas são criados para tirar o eu dessa situação. Se a formação de sintomas é impedida, o perigo se apresenta realmente, isto é, produz-se aquela situação análoga ao nascimento em que o eu se encontra desamparado frente à exigência impulsional que cresce sem cessar, ou seja, a primeira e mais originária das condições do medo. Em nossa concepção, as relações entre o medo e o sintoma mostram-se menos estreitas do que se supunha, consequência de termos intercalado entre ambos o fator da situação de perigo. A título de complemento, também podemos dizer que o desenvolvimento de medo introduz a formação de sintomas, sendo até mesmo um pressuposto necessário dela, pois se o eu não despertasse a instância do prazer-desprazer através do desenvolvimento de medo, não obteria o poder de impedir o processo ameaçador preparado no isso. É inequívoca aí a tendência a limitar o desenvolvimento de medo a um nível mínimo, a empregar o medo apenas como sinal, pois de outra maneira se sentiria apenas em outro lugar o desprazer que ameaça por meio do processo impulsional, o que não seria um resultado condizente com a intenção do princípio de prazer, mas que sucede com bastante frequência nas neuroses.

A formação de sintomas tem portanto o resultado efetivo de eliminar a situação de perigo. Ela tem dois lados; um deles, que nos permanece oculto, produz no isso aquela alteração pela qual o eu é tirado do perigo; o outro, voltado para nós, mostra o que ela criou no lugar do processo impulsional influenciado, a formação substitutiva.

No entanto, deveríamos nos expressar mais corretamente, atribuindo ao processo defensivo o que acabamos de declarar sobre a formação de sintomas e usando a denominação "formação de sintomas" inclusive como sinônima de "formação substitutiva". Então parece claro que o processo defensivo é análogo à fuga pela qual o eu escapa de um perigo que ameaça de fora, que ele representa justamente uma tentativa de fugir de um perigo impulsional. As objeções a essa comparação irão nos proporcionar um maior esclarecimento. Em primeiro lugar, pode-se objetar que a perda do objeto (a perda do amor do objeto) e a ameaça de castração também são perigos que ameaçam de fora, como por exemplo um animal feroz, e portanto não são perigos impulsionais. Mas o caso não é o mesmo. O lobo provavelmente nos atacaria sem importar qual fosse nosso comportamento em relação a ele; a pessoa amada, no entanto, não nos privaria de seu amor nem seríamos ameaçados com a castração se não nutríssemos em nosso íntimo determinados sentimentos e intenções.

Dessa forma, essas moções impulsionais se tornam condições do perigo externo e, com isso, perigosas elas mesmas; agora podemos combater o perigo externo com medidas contra perigos internos. Nas zoofobias, o perigo ainda parece ser sentido como algo inteiramente exterior, da mesma forma que no sintoma ele também experimenta um deslocamento externo. Na neurose obsessiva, ele está muito mais interiorizado; a parcela de medo do supereu, que é medo social, ainda representa o substituto interno de um perigo externo; a outra parcela, o medo da consciência moral, é inteiramente endopsíquica.

Uma segunda objeção diz que na tentativa de fugir de um perigo externo ameaçador não fazemos outra coisa senão aumentar a distância espacial entre nós e o que nos ameaça. Afinal, não nos defendemos do perigo, não buscamos modificar nada nele próprio como no outro caso em que avançamos sobre o lobo com um porrete ou disparamos nele com uma arma. No entanto, o processo defensivo parece fazer mais do que corresponde a uma tentativa de fuga. Afinal, ele intervém no fluxo impulsional ameaçador, reprime-o de alguma maneira, desvia-o de sua meta, torna-o inofensivo por meio disso. Essa objeção parece irrefutável, precisamos levá-la em conta. Achamos que provavelmente existam processos defensivos que podem ser comparados com pleno direito a uma tentativa de fuga, enquanto em outros o eu se defende de maneira muito mais ativa, empreendendo contra-ações enérgicas. Se é que a comparação da defesa com a fuga não é estorvada pela circunstância de o eu e o impulso no isso serem, afinal, partes da mesma organização, e não existências separadas como o lobo e a criança, de maneira que todo tipo de comportamento do eu também deve atuar sobre o processo impulsional causando modificações.

Pelo estudo das condições do medo tivemos de ver o comportamento do eu na defesa em uma transfiguração racional, por assim dizer. Cada situação de perigo corresponde a uma certa época da vida ou fase de desenvolvimento do aparelho psíquico e parece justificada para ela. O ser da primeira infância realmente não está equipado para dominar psiquicamente grandes somas de excitação que chegam de fora ou de dentro. Num certo período da vida, o interesse mais importante consiste realmente em que as pessoas das quais se depende não retirem seu cuidado terno. Quando o menino percebe seu poderoso pai como rival junto à mãe e se dá conta de suas inclinações agressivas contra ele e de suas intenções sexuais em relação a ela, tem razão em temê-lo, e o medo de sua punição pode se manifestar, mediante reforço filogenético, como medo da castração. Com a entrada nas relações sociais, o medo do supereu – a consciência moral – torna-se uma necessidade, a ausência desse fator torna-se fonte de graves conflitos e perigos etc. Mas justamente a isso liga-se um novo problema. Tentemos por um momento substituir o afeto de medo por outro; por exemplo, o afeto de dor. Consideramos completamente normal que a menina de quatro anos chore dolorosamente se uma de suas bonecas se quebra; aos seis, se a professora lhe dá uma advertência; aos dezesseis, se o namorado não se importa com ela; aos vinte e cinco, talvez, se enterra um filho. Cada uma dessas condições de dor tem seu tempo e se apaga com o transcurso deste; as últimas, definitivas, conservam-se então vida afora. Chamaria nossa atenção, porém, se essa menina chorasse devido ao estrago de um bibelô quando já fosse mulher e mãe. Mas é assim que os neuróticos se comportam. Há muito tempo, todas as instâncias destinadas ao controle de estímulos estão formadas dentro de amplos limites em seu aparelho psíquico; eles são adultos o bastante para satisfazer por conta própria a maioria de suas necessidades; sabem há muito que a castração não é mais praticada como punição; e, no entanto, comportam-se como se as antigas situações de perigo ainda existissem, aferram-se a todas as condições de medo anteriores.

A resposta para isso será um tanto longa. Ela precisará examinar sobretudo os fatos. Num grande número de casos, as antigas condições de medo são realmente abandonadas depois que já causaram reações neuróticas. As fobias que as crianças bem pequenas têm de ficar sozinhas, do escuro e de estranhos, que quase caberia chamar de normais, se dissipam na maioria das vezes poucos anos depois; elas "desaparecem com o crescimento", como se diz de muitos outros distúrbios infantis. As tão frequentes zoofobias têm o mesmo destino; muitas das histerias de conversão dos anos de infância não têm continuação mais tarde. O cerimonial no período de latência é algo que ocorre com uma frequência incomum; apenas um percentual muito pequeno desses casos desenvolve-se mais tarde até chegar à neurose obsessiva completa. As neuroses infantis são geralmente – até onde alcançam nossas experiências com crianças urbanas de raça branca sujeitas a elevadas exigências culturais – episódios regulares do desenvolvimento, embora ainda se preste muito pouca atenção a elas. Não há *um único* neurótico adulto em quem se note a ausência dos sinais da neurose infantil, enquanto nem de longe todas as crianças que os apresentam se tornam neuróticos mais tarde. Assim, condições de medo devem ter sido abandonadas no curso da maturação e situações de perigo devem ter perdido sua importância. Soma-se a isso o fato de algumas dessas situações de perigo sobreviverem em períodos posteriores pelo fato de modificarem sua condição de medo de acordo com o período. É assim, por exemplo, que o medo da castração se conserva sob a máscara da sifilofobia depois que se soube que a castração, é verdade, não é mais usual como punição pela liberação dos apetites sexuais, mas que a liberdade impulsional, pelo contrário, é ameaçada por graves doenças. Outras condições de medo não estão de forma alguma destinadas ao declínio, mas devem acompanhar o homem pela vida afora, como a do medo do supereu. Assim, o neurótico se diferencia da pessoa normal pelo fato de elevar excessivamente as reações a esses perigos. Por fim, a condição de ser adulto tampouco oferece proteção suficiente contra o retorno da situação de medo traumática original; para cada pessoa, poderia haver um limite além do qual seu aparelho psíquico fracassa no domínio das quantidades de excitação que exigem eliminação.

É impossível que essas pequenas retificações tenham a finalidade de questionar o fato aqui discutido, o fato de tantas pessoas permanecerem infantis em seu comportamento quanto ao perigo e não superarem condições de medo que já caducaram; contestar isso significaria negar o fato da neurose, pois tais pessoas são justamente chamadas de neuróticas. Mas como isso é possível? Por que todas as neuroses não são episódios do desenvolvimento, encerrados com o atingimento da fase seguinte? De onde provém o fator de persistência dessas reações ao perigo? De onde se origina o privilégio que o afeto de medo parece gozar frente a todos os outros afetos, de maneira que só ele produz reações que se distinguem das outras como anormais e, na qualidade de inapropriadas, se opõem à corrente da vida? Em outras palavras, de súbito nos encontramos outra vez diante deste enigma, tantas vezes colocado: de onde provém a neurose, qual é o seu último e especial motivo? Após décadas de esforços analíticos, esse problema se eleva intacto diante de nós como no início.

X

O medo é a reação ao perigo. Se o afeto de medo pode conquistar uma posição de exceção na economia psíquica, não se pode rejeitar a ideia de que isso tenha uma conexão com a essência do perigo. Mas os perigos são algo universal para os seres humanos, são os mesmos para todos os indivíduos; o que precisamos e não temos à disposição é um fator que nos possibilite compreender o seleto grupo de indivíduos que consegue submeter o afeto de medo, apesar de sua peculiaridade, ao funcionamento psíquico normal, ou que determina quem deve fracassar nessa tarefa. Vejo diante de mim duas tentativas de descobrir tal fator; é compreensível que cada uma dessas tentativas possa esperar uma acolhida simpática, pois promete ajuda para uma carência aflitiva. As duas tentativas se complementam, visto que atacam o problema em extremidades opostas. A primeira foi empreendida há mais de dez anos por Alfred Adler; reduzida ao cerne mais profundo, ela sustenta que as pessoas que fracassam no domínio da tarefa colocada pelo perigo são aquelas cuja inferioridade dos órgãos causa dificuldades grandes demais. Se o dito *simplex sigillum veri* [a simplicidade é o selo da verdade] fosse legítimo, deveríamos saudar tal solução como uma redenção. Mas, ao contrário, a crítica da década passada demonstrou a completa insuficiência dessa explicação, que, além disso, passa por cima de toda a riqueza dos fatos descobertos pela psicanálise.

A segunda tentativa foi empreendida em 1923 por Otto Rank em seu livro *O trauma do nascimento*. Seria injusto equipará-la à tentativa de Adler em outro ponto que não o único ressaltado aqui, pois ela permanece no terreno da psicanálise, cujos raciocínios continua, e deve ser reconhecida como um esforço legítimo para solucionar os problemas analíticos. Na relação dada entre indivíduo e perigo, Rank se afasta da fraqueza dos órgãos do indivíduo e se dirige à intensidade variável do perigo. O processo de nascimento é a primeira situação de perigo, a revolução econômica que ele produz torna-se o modelo da reação de medo; seguimos há pouco a linha de desenvolvimento que liga essa primeira situação de perigo e condição de medo com todas as posteriores, tendo visto nisso que todas elas conservam algo em comum, pois em certo sentido todas significam uma separação da mãe, de início apenas no aspecto biológico, em seguida no sentido de uma perda direta do objeto e mais tarde no de uma perda mediada por vias indiretas. A descoberta dessa grande relação é um mérito incontestável da construção rankiana. O trauma do nascimento atinge cada indivíduo com intensidade diferente, a veemência da reação de medo varia com a força do trauma, e, segundo Rank, depende desse nível inicial do desenvolvimento de medo se o indivíduo será capaz de alcançar algum dia o controle sobre ele, se esse indivíduo se tornará neurótico ou normal. Não é tarefa nossa fazer a crítica detalhada das afirmações rankianas, mas meramente testar se são úteis para solucionar nosso problema. A fórmula de Rank – torna-se neurótico aquele que jamais consegue ab-reagir totalmente o trauma do nascimento devido à sua intensidade – é altamente discutível do ponto de vista teórico. Não se sabe direito o que significa a "ab-reação do trauma". Entendendo-a literalmente, chega-se à conclusão insustentável de que o neurótico se aproxima tanto mais da recuperação quanto maiores a frequência e a intensidade com que reproduzir o afeto de medo. Foi devido a essa contradição com a realidade, afinal, que desisti há tempos da teoria da ab-reação, que representa um papel tão grande na catarse. A ênfase na intensidade variável do trauma do nascimento não deixa espaço para a reivindicação etiológica legítima da constituição hereditária. Essa intensidade, afinal, é um fator orgânico que se comporta como uma casualidade em relação à constituição e que depende ela própria de muitas influências que cabe chamar de casuais; por exemplo, da assistência oferecida a tempo no parto. A teoria rankiana desconsiderou inteiramente tanto fatores constitucionais como filogenéticos. Porém, se quisermos abrir espaço para a importância da constituição – talvez com esta modificação: o que importa mais é a amplitude com que o indivíduo reage à intensidade variável do trauma do nascimento –, privamos a teoria de sua importância e limitamos a um papel secundário o fator novo por ela introduzido. Assim, a decisão sobre o desfecho ser ou não uma neurose encontra-se em outro campo, e mais uma vez um campo desconhecido.

Que o homem tenha o processo do nascimento em comum com os outros mamíferos, enquanto lhe cabe o privilégio de uma predisposição especial à neurose na comparação com os animais, dificilmente será algo favorável à teoria rankiana. Mas a principal objeção é que ela paira no ar em vez de se apoiar em observações garantidas. Não há boas pesquisas indicando que partos difíceis e demorados coincidam de maneira inconfundível com o desenvolvimento de neurose, nem mesmo que crianças nascidas dessa forma apresentem os fenômenos de amedrontamento da primeira infância por mais tempo ou com maior intensidade que as outras. Se alegarmos que partos precipitados e fáceis para a mãe provavelmente têm o significado de traumas graves para a criança, continua de pé a exigência de que partos que levam à asfixia devam permitir o reconhecimento seguro das consequências pretendidas. Parece uma vantagem da etiologia rankiana ela colocar em primeiro lugar um fator acessível ao exame no material da experiência; enquanto não se tenha realmente empreendido tal exame, será impossível julgar seu valor.

Em compensação, não posso me associar à opinião de que a teoria de Rank contradiz a importância etiológica dos impulsos sexuais, reconhecida até agora na psicanálise, pois ela se refere apenas à relação do indivíduo com a situação de perigo, deixando aberta uma boa saída: quem não pôde dominar os perigos iniciais também terá de fracassar nas situações de perigo sexual que aparecem mais tarde e ser assim empurrado para a neurose.

Não acredito, portanto, que a tentativa de Rank nos tenha trazido a resposta à pergunta sobre a motivação da neurose, e penso que ainda não é possível decidir quão grande é afinal a contribuição que ela contém para resolver a questão. Se as pesquisas acerca da influência dos partos difíceis sobre a predisposição à neurose tiverem resultado negativo, caberá avaliar essa contribuição como pequena. Pode-se recear seriamente que a necessidade de uma "causa última" palpável e unitária para a nervosidade permaneça sempre insatisfeita. O caso ideal, pelo qual o médico anseia provavelmente ainda hoje, seria o do bacilo, que pode ser isolado e cultivado, e cuja inoculação produz a mesma afecção em todos os indivíduos. Ou algo menos fantástico: a obtenção de substâncias químicas cuja administração pudesse produzir e abolir determinadas neuroses. Mas a probabilidade não fala a favor de tais soluções do problema.

A psicanálise leva a saídas menos simples, menos satisfatórias. Apenas posso repetir aqui coisas conhecidas há muito tempo; não tenho nada novo a acrescentar. Se o eu consegue se defender de uma moção impulsional perigosa – através do processo de recalcamento, por exemplo –, é verdade que ele inibe e prejudica essa parte do isso, mas ao mesmo tempo também lhe dá uma parcela de independência e renuncia a uma parcela de sua própria soberania. Isso é consequência da natureza do recalcamento, que no fundo é uma tentativa de fuga. Agora o recalcado é um "fora da lei", excluído da grande organização do eu, apenas submetido às leis vigentes no âmbito do inconsciente. Se a situação de perigo se modificar, de modo que o eu não tenha motivo para se defender de uma nova moção impulsional análoga à recalcada, as consequências da limitação do eu se tornam manifestas. O novo fluxo impulsional se consuma sob a influência do automatismo – eu preferiria dizer: da compulsão à repetição –, percorre os mesmos caminhos que o fluxo recalcado anteriormente, como se a situação de perigo superada ainda persistisse. O fator fixador no recalcamento é portanto a compulsão à repetição do isso inconsciente, que normalmente só é suspensa pela função livremente móvel do eu. Às vezes o eu consegue romper as barreiras do recalcamento que ele próprio estabeleceu, recuperar sua influência sobre a moção impulsional e direcionar o novo fluxo impulsional de acordo com a situação de perigo modificada. O fato é que isso fracassa com muita frequência e que ele não pode desfazer seus recalcamentos. Relações quantitativas podem ser decisivas para o desfecho dessa luta. Em muitos casos, temos a impressão de que a decisão é compulsória; a atração regressiva da moção recalcada e a força do recalcamento são tão grandes que a moção nova apenas pode obedecer à compulsão à repetição. Em outros casos, percebemos a contribuição de outro jogo de forças; a atração do modelo recalcado é reforçada pela repulsão das dificuldades reais, que se opõem a um outro fluxo da nova moção impulsional.

A prova de que esse é o curso da fixação no recalcamento e da conservação da situação de perigo não mais atual encontra-se no fato da terapia analítica, em si mesmo modesto, mas que dificilmente poderá ser superestimado do ponto de vista teórico. Se na análise prestamos ao eu a assistência capaz de colocá-lo em condições de suspender seus recalcamentos, ele recobra seu poder sobre o isso recalcado e pode deixar as moções impulsionais fluírem de tal maneira como se as antigas situações de perigo não mais existissem. O que conseguimos dessa forma se harmoniza bem com o alcance habitual de nossa atividade médica. Afinal, via de regra nossa terapia precisa se contentar em levar de maneira mais rápida, mais confiável e com menor gasto ao bom desfecho que, sob circunstâncias favoráveis, teria se produzido espontaneamente.

    As reflexões feitas até aqui nos ensinam que são relações *quantitativas*, não diretamente indicáveis, mas apreensíveis apenas pelo caminho da dedução, que decidem se as antigas situações de perigo são mantidas, se os recalcamentos do eu são conservados, se as neuroses infantis encontram ou não sua continuação. Dentre os fatores que tomam parte na causação das neuroses e que criaram as condições sob as quais as forças psíquicas se medem entre si, três se destacam para a nossa compreensão: um biológico, um filogenético e um puramente psicológico. O biológico é o prolongado desamparo e dependência do pequeno ser humano. A existência intrauterina do homem parece relativamente abreviada em comparação com a da maioria dos animais; ele é enviado ao mundo mais incompleto que estes. Com isso se reforça a influência do mundo externo real, promove-se precocemente a diferenciação do eu a partir do isso, eleva-se a importância dos perigos do mundo externo e aumenta-se enormemente o valor do objeto que, só ele, pode proteger desses perigos e substituir a vida intrauterina perdida. Esse fator biológico produz assim as primeiras situações de perigo e cria a necessidade de ser amado, que não mais abandonará o ser humano.

O segundo fator, o filogenético, é apenas uma inferência nossa; um fato bastante notável do desenvolvimento da libido nos impeliu a supô-lo. Acreditamos que a vida sexual do ser humano não se desenvolve de maneira contínua do início até a maturação, como a da maioria dos animais que lhe são próximos, mas que, após um primeiro florescimento precoce que vai até o quinto ano, experimenta uma interrupção enérgica, após o que ela recomeça com a puberdade e dá prosseguimento aos inícios infantis. Julgamos que deve ter acontecido algo importante nos destinos da espécie humana que deixou como sedimento histórico essa interrupção do desenvolvimento sexual. O significado patogênico desse fator resulta do fato de a maioria das exigências impulsionais dessa sexualidade infantil ser tratada e repelida pelo eu como perigo, de maneira que as posteriores moções sexuais da puberdade, que deveriam ser adequadas ao eu, correm o risco de sucumbir à atração dos modelos infantis e acompanhá-los no recalcamento. Topamos aqui com a etiologia mais direta das neuroses. É notável que o contato prematuro com as exigências da sexualidade atue sobre o eu de maneira semelhante ao contato precoce com o mundo externo.

O terceiro fator, ou fator psicológico, pode ser encontrado numa imperfeição de nosso aparelho psíquico que está justamente ligada à sua diferenciação em um eu e um isso, ou seja, fator que em última instância também se deriva da influência do mundo externo. Por considerar os perigos da realidade, o eu é obrigado a se defender de certas moções impulsionais do isso, a tratá-las como perigos. No entanto, o eu não pode se proteger dos perigos impulsionais internos de maneira tão eficiente como se protege de uma parte da realidade que lhe é alheia. Estando ele mesmo intimamente ligado ao isso, ele apenas pode rechaçar o perigo impulsional limitando sua própria organização e tolerando a formação de sintomas como substituição do dano causado ao impulso. Se em seguida se renova o afluxo do impulso repelido, verificam-se para o eu todas as dificuldades que conhecemos como sofrimento neurótico.

Por ora, acredito que nossa compreensão da essência e da causação das neuroses não foi mais longe.

XI
Apêndice

No decorrer destas discussões foram tocados diversos temas que tiveram de ser abandonados prematuramente e que agora serão reunidos para receber a parcela de atenção a que têm direito.

A
Modificações de opiniões expressas anteriormente

a) Resistência e contrainvestimento

Uma parte importante da teoria do recalcamento é que ele não representa um processo único, mas exige um gasto constante. Se este não ocorresse, o impulso recalcado, que recebe afluências de suas fontes continuamente, tomaria outra vez o mesmo caminho do qual foi afastado; o recalcamento seria privado de seu sucesso ou precisaria ser repetido indefinidamente. Assim, da natureza contínua do impulso segue-se a exigência feita ao eu de assegurar sua ação defensiva através de um gasto constante. Essa ação para proteger o recalcamento é o que percebemos no esforço terapêutico como *resistência*. A resistência pressupõe o que chamei de *contrainvestimento*. Tal contrainvestimento torna-se palpável na neurose obsessiva. Nesta ele aparece como modificação do eu – como formação reativa no eu – através do reforço daquela atitude oposta à orientação impulsional a ser recalcada (compaixão, conscienciosidade, limpeza). Essas formações reativas da neurose obsessiva são, sem exceção, exageros de traços normais de caráter desenvolvidos no decorrer do período de latência. É muito mais difícil indicar o contrainvestimento na histeria, na qual ele é igualmente imprescindível segundo a expectativa teórica. Também neste caso é inequívoca certa medida de modificação do eu através de formação reativa, e em muitas circunstâncias ela se torna tão manifesta que se impõe à atenção como sintoma principal do estado. É dessa maneira, por exemplo, que se resolve o conflito de ambivalência da histeria; o ódio a determinada pessoa amada é contido pelo excesso de ternura e receio por ela. Porém, precisamos destacar como diferença em comparação à neurose obsessiva o fato de que tais formações reativas não mostram a natureza geral de traços de caráter, mas se limitam a relações bem especiais. A histérica, por exemplo, que trata com ternura excessiva os filhos no fundo odiados, nem por isso se tornará em geral mais amorosa que outras mulheres, nem sequer mais terna em relação a outras crianças. A formação reativa da histeria se aferra de modo tenaz a um determinado objeto e não se eleva à categoria de uma predisposição geral do eu. O que é característico da neurose obsessiva é precisamente essa generalização, o afrouxamento das relações de objeto, a facilitação do deslocamento na escolha de objeto. Um outro tipo de contrainvestimento parece ser mais adequado à peculiaridade da histeria. A moção impulsional recalcada pode ser ativada (investida de novo) a partir de dois lados; em primeiro lugar, de dentro, por um reforço do impulso a partir de suas fontes internas de excitação e, em segundo lugar, de fora, pela percepção de um objeto que seria desejado pelo impulso. O contrainvestimento histérico se volta de preferência para fora, para a percepção perigosa; ele assume a forma de uma vigilância especial que, mediante restrições do eu, evita situações em que a percepção deveria aparecer e consegue privá-la da atenção caso ela realmente surja. Autores franceses (Laforgue) distinguiram recentemente essa ação da histeria com o nome especial de "escotomização".[20] Essa técnica de contrainvestimento é ainda mais chamativa nas fobias, cujo interesse se concentra em afastar-se cada vez mais da possibilidade da percepção temida. Parece significativa, ainda que não seja absoluta, a oposição entre a histeria e as fobias de

---

20. Quanto a esse conceito, na sua articulação com o de *Verleugnung* (desmentido), ver o ensaio de Freud de 1927 "Fetichismo". (N.R.)

um lado e a neurose obsessiva de outro no que se refere à orientação do contrainvestimento. Ela nos sugere a suposição de que existe uma conexão mais estreita entre o recalcamento e o contrainvestimento externo, assim como entre a regressão e o contrainvestimento interno (modificação do eu através de formação reativa). Aliás, rechaçar a percepção perigosa é uma tarefa universal das neuroses. Vários mandamentos e proibições da neurose obsessiva servem ao mesmo propósito.

Numa ocasião anterior[21], ficou claro que a resistência que temos de superar na análise é produzida pelo eu, que se aferra a seus contrainvestimentos. É difícil para o eu dirigir sua atenção a percepções e representações cuja evitação ele transformou em preceito ou reconhecer como suas moções que constituem a mais completa antítese ao que lhe é familiar como seu. Nosso combate à resistência na análise funda-se em tal concepção sobre ela. Tornamos a resistência consciente ali onde ela mesma, como tantas vezes acontece, é inconsciente devido à conexão com o recalcado; contrapomos a ela argumentos lógicos quando ou depois que se tornou consciente e prometemos vantagens e prêmios ao eu se renunciar à resistência. Assim, não há nada para duvidar ou retificar quanto à resistência do eu. Em compensação, cabe perguntar se ela cobre sozinha o

---

21. *O eu e o isso*, final do primeiro capítulo (segundo os editores de Freud). (N.T.)

estado de coisas que vem ao nosso encontro na análise. Descobrimos que o eu ainda encontra dificuldades em desfazer os recalcamentos mesmo depois que tenha firmado o propósito de renunciar a suas resistências, e denominamos a fase de esforço fatigante que se segue a tal propósito louvável de fase de "elaboração". Agora é natural reconhecer o fator dinâmico que torna tal elaboração necessária e compreensível. Dificilmente pode ser de outra forma: depois da suspensão da resistência do eu ainda cabe superar o poder da compulsão à repetição, a atração dos modelos inconscientes sobre o processo impulsional recalcado, e não há nada a protestar caso se queira chamar esse fator de *resistência do inconsciente*. Não desanimemos com tais correções; elas são desejáveis se estimularem um pouco nossa compreensão, e não é vergonhoso que não refutem a compreensão anterior e sim a enriqueçam, eventualmente limitem uma generalidade ou ampliem uma concepção muito estreita.

 Não é de supor que por meio dessa correção tenhamos obtido um panorama completo das espécies de resistência que encontramos na análise. Com um maior aprofundamento, percebemos, antes, que temos cinco espécies de resistência a combater, provenientes de três lados, a saber, do eu, do isso e do supereu, sendo que o eu se revela como a fonte de três formas distintas em sua dinâmica. A primeira dessas três resistências do eu é a anteriormente tratada resistência de *recalcamento*, o tipo sobre o qual há menos coisas novas a dizer. Distingue-se dela a resistência *transferencial*, de mesma natureza, mas que na análise produz fenômenos diferentes e muito mais nítidos, visto que consegue estabelecer uma relação com a situação analítica ou com a pessoa do analista e assim vivificar como se fosse novo um recalcamento que deveria ser meramente recordado. Também é uma resistência do eu, mas de natureza bem diferente, aquela que parte do *ganho da doença* e se baseia na inclusão do sintoma no eu. Ela corresponde à oposição a renunciar a uma satisfação ou um alívio. O quarto tipo de resistência – a do *isso* – foi o que acabamos de responsabilizar pela necessidade da elaboração. A quinta resistência, a do *supereu*, a última reconhecida, a mais obscura, mas nem sempre a mais fraca, parece provir da consciência de culpa ou da necessidade de punição; ela se opõe a qualquer sucesso e, assim, também à convalescença por meio da análise.

B) MEDO ORIUNDO DA TRANSFORMAÇÃO DA LIBIDO

A concepção de medo defendida neste estudo afasta-se um tanto daquela que até agora me parecia justificada. Anteriormente, eu considerava o medo como uma reação geral do eu sob as condições do desprazer, buscava sempre justificar seu aparecimento

Inibição, sintoma e medo – XI

economicamente e supunha, apoiado na investigação das neuroses atuais, que a libido (a excitação sexual) rejeitada ou não empregada pelo eu encontra uma descarga direta sob a forma de medo. Não se pode ignorar que essas diferentes determinações não combinam bem, pelo menos não derivam necessariamente uma da outra. Além disso, resultava a aparência de uma relação especialmente estreita entre o medo e a libido, que, por sua vez, não se harmonizava com o caráter geral do medo como reação desprazerosa.

A objeção a essa concepção partiu da tendência de fazer do eu a única sede do medo; era, portanto, uma das consequências da divisão do aparelho psíquico tentada em *O eu e o isso*. Para a concepção anterior, era natural considerar a libido da moção impulsional recalcada como a fonte do medo; segundo a mais nova, é o eu que deveria antes responder por esse medo. Portanto, medo próprio do eu ou medo impulsional (próprio do isso). Visto que o eu trabalha com energia dessexualizada, na inovação também se afrouxou a íntima conexão entre medo e libido. Espero ter conseguido pelo menos esclarecer a contradição, delinear nitidamente os contornos da incerteza.

A advertência de Rank – de que o afeto de medo, como eu próprio sustentei inicialmente, seria uma consequência do processo de nascimento e uma repetição da situação vivida naquele momento – obrigava a um novo exame do problema do medo. Não pude fazer avanços com sua concepção do nascimento como trauma, do estado de medo como reação de descarga a ele e de cada novo afeto de medo como tentativa de "ab--reagir" o trauma de maneira cada vez mais completa. Surgiu a imposição de retroceder da reação de medo à *situação de perigo* por trás dela. Com a introdução desse fator resultaram novos pontos de vista a serem considerados. O nascimento tornou-se o modelo de todas as situações posteriores de perigo resultantes das novas condições constituídas pela forma modificada de existência e pelo desenvolvimento psíquico progressivo. Porém, seu próprio significado também foi limitado a essa relação de modelo com o perigo. O medo sentido no nascimento tornou-se então o modelo de um estado afetivo que tinha de partilhar os destinos de outros afetos. Ou ele se reproduzia automaticamente, em situações análogas às originais, como forma de reação inadequada após ter sido adequado na primeira situação de perigo, ou o eu obtinha poder sobre esse afeto e o reproduzia por conta própria, servia-se dele como advertência contra o perigo e como meio de despertar a intervenção do mecanismo de prazer-desprazer. O significado biológico do afeto de medo foi levado em conta quando este foi reconhecido como a reação geral à situação de perigo; o papel do eu como sede do medo foi confirmado ao se conceder a ele a função de produzir o afeto de medo conforme suas necessidades. Assim se atribuíram ao medo dois modos de origem na vida posterior: o primeiro, involuntário, automático, economicamente justificado sempre que se tinha produzido uma situação de perigo análoga àquela do nascimento; o segundo, produzido pelo eu quando tal situação apenas ameaçava, com o propósito de estimular sua evitação. Neste segundo caso, o eu se submetia ao medo por assim dizer como a uma vacina, a fim de escapar de um ataque forte graças a uma irrupção enfraquecida da doença. Ele imaginava, por assim dizer, a situação de perigo vivamente, com a tendência inequívoca de limitar essa vivência desagradável a uma alusão, um sinal.[22] Já foi apresentada em detalhes a maneira como aí as diferentes situações de perigo se desenvolvem uma após a outra e, no entanto, permanecem ligadas geneticamente entre si. Talvez

---

22. Na XXXII de suas *Novas conferências introdutórias sobre psicanálise*, dedicada também ao conceito de *Angst*, Freud desenvolve com uma bela metáfora essa nossa capacidade de, via *Angst*, imaginar a situação de perigo para, assim, dominá-la, produzindo o recalcamento do impulso: "O pensamento é um agir por meio de experimentos, com dispêndio de pequenas cargas de energia, semelhante aos deslocamentos de pequenas figuras em um mapa, antes que o general coloque em movimento as suas tropas. O eu antecipa, portanto, a satisfação da moção impulsional preocupante e consente a ela reproduzir as sensações de desprazer do início da temida situação de perigo. Assim ativou-se o automatismo do princípio de desprazer-prazer que então executa o recalcamento da moção impulsional perigosa". *Freud-Studienausgabe*, 5. ed. corrigida, Frankfurt am Main, 1982, Fischer, vol. I, p. 524. (N.R.)

consigamos avançar um pouco mais na compreensão do medo quando abordarmos o problema da relação entre o medo neurótico e o medo real. A conversão direta de libido em medo, anteriormente sustentada, tornou-se agora menos importante para nossos interesses. Se, no entanto, a tomarmos em consideração, teremos de distinguir entre vários casos. Ela está fora de cogitação no caso do medo que o eu provoca como sinal; da mesma forma, portanto, em todas as situações de perigo que levam o eu a iniciar um recalcamento. O investimento libidinal da moção impulsional recalcada experimenta, como se vê da maneira mais clara na histeria de conversão, outro emprego além da transformação em medo e a descarga sob essa forma. Em compensação, na discussão subsequente da situação de perigo iremos topar com aquele caso do desenvolvimento de medo que provavelmente cabe julgar de outra maneira.

c) Recalcamento e defesa

No contexto das discussões sobre o problema do medo, retomei um conceito – ou, dizendo mais modestamente: um termo – do qual me servi exclusivamente no início de meus estudos, há trinta anos, e que depois abandonei. Refiro-me ao conceito de processo defensivo.[23] Na sequência, eu o substituí pelo de recalcamento,

---

23. Ver "As neuropsicoses de defesa".

mas a relação entre ambos permaneceu indefinida. Penso agora que recorrer ao velho conceito de defesa trará uma vantagem segura se estabelecermos que ele seja a denominação geral para todas as técnicas de que o eu se serve em seus conflitos que eventualmente levam à neurose, enquanto "recalcamento" continuará sendo o nome de um desses métodos defensivos específicos, que em consequência da orientação de nossas investigações foi o primeiro a conhecermos melhor.

Mesmo uma mera inovação terminológica precisa ser justificada caso a expressão deva ser uma nova perspectiva ou uma ampliação de nossas compreensões. A retomada do conceito de defesa e a limitação do conceito de recalcamento levam em conta um fato conhecido há muito tempo, mas que ganhou importância devido a algumas descobertas mais recentes. Tivemos nossas primeiras experiências sobre o recalcamento e a formação de sintomas com a histeria; vimos que o conteúdo perceptivo de vivências excitatórias, o conteúdo ideativo de formações patogênicas de pensamento, é esquecido e excluído da reprodução na memória, e por isso reconhecemos no afastamento em relação à consciência uma das características principais do recalcamento histérico. Mais tarde, estudamos a neurose obsessiva e descobrimos que nessa afecção os acontecimentos patogênicos não são esquecidos. Eles permanecem conscientes, mas são "isolados" de uma maneira ainda não imaginável, de modo que se atinge mais ou menos o mesmo resultado que por meio da amnésia histérica. Mas a diferença é grande o bastante para justificar nossa opinião de que o processo mediante o qual a neurose obsessiva elimina uma exigência impulsional não pode ser o mesmo que na histeria. Investigações posteriores nos ensinaram que na neurose obsessiva, sob a influência da oposição do eu, se atinge uma regressão das moções impulsionais a uma fase anterior da libido, que na verdade não torna um recalcamento supérfluo, mas evidentemente atua no mesmo sentido de um recalcamento. Além disso, vimos que o contrainvestimento que também cabe supor na histeria desempenha na neurose obsessiva um papel especialmente grande na proteção do eu sob a forma de alteração reativa deste; prestamos atenção a um procedimento de "isolamento", cuja técnica ainda não podemos indicar, que consegue obter uma expressão sintomática direta, e ao procedimento, que cabe chamar de mágico, da "anulação", sobre cuja tendência defensiva não pode haver dúvida, mas que não tem mais qualquer semelhança com o processo de "recalcamento". Essas experiências são razão suficiente para reintroduzir o velho conceito de *defesa*, que pode abranger todos esses processos de igual tendência – proteção do eu contra exigências impulsionais –, e subsumir-lhe o recalcamento como um caso especial. A importância de tal nomenclatura se eleva quando se considera a possibilidade de que um aprofundamento de nossos estudos poderia mostrar uma profunda correspondência entre formas especiais de defesa e determinadas afecções, como por exemplo entre o recalcamento e a histeria. Além disso, nossa expectativa se dirige à possibilidade de outra dependência significativa. É bem possível que antes da nítida separação entre eu e isso, antes da formação de um supereu, o aparelho psíquico pratique métodos de defesa diferentes dos praticados após atingir esses níveis de organização.

B

COMPLEMENTO SOBRE O MEDO

O afeto de medo mostra alguns traços cuja investigação promete maiores esclarecimentos. O medo tem uma relação inequívoca com a *expectativa*; ele é medo *de* algo [*Angst* vor *etwas*]. Adere-lhe um caráter de *indeterminação* e de *ausência de objeto*; o correto uso da linguagem inclusive muda seu nome quando ele encontra um objeto, substituindo-o por *Furcht* [temor, medo, receio].[24] Ademais, além de sua relação com o

---

24. Na expressão *Angst vor etwas*, Freud acentua o sentido temporal da preposição *vor*, "antes de", quando a ênfase costumeira é mais espacial ("frente a", "diante de"). Esse é um dos poucos trechos em que a tradução de *Angst* por angústia seria plenamente justificada; cabe lembrar, no entanto, que, mesmo quando há um objeto para o medo, Freud sempre emprega *Angst* neste texto, jamais *Furcht*. (N.T.)

perigo, o medo tem outra relação com a neurose, em cuja explicação nos empenhamos há muito tempo. Surge a pergunta de saber por que nem todas as reações de medo são neuróticas, por que reconhecemos tantas delas como normais; por fim, a diferença entre medo real e neurótico exige uma apreciação mais profunda.

Partamos da última tarefa. Nosso progresso consistiu em remontar da reação de medo à situação de perigo. Se fizermos a mesma modificação no problema do medo real, sua solução será fácil. O perigo real é um perigo que conhecemos; o medo real é o medo de um tal perigo conhecido. O medo neurótico é o medo de um perigo que não conhecemos. O perigo neurótico precisa portanto ser primeiro buscado; a análise nos ensinou que ele é um perigo impulsional. Ao trazermos à consciência esse perigo desconhecido para o eu, apagamos a diferença entre medo real e neurótico; podemos tratar o último como tratamos o primeiro.

No perigo real desenvolvemos duas reações: a afetiva, o acesso de medo, e a ação protetora. Provavelmente ocorra a mesma coisa no caso do perigo impulsional. Conhecemos o caso da cooperação adequada das duas reações, em que uma dá o sinal para o início da outra, mas também o caso inadequado, o da paralisia de medo, em que uma se difunde às custas da outra.

Há casos em que as características do medo real e do medo neurótico se mostram misturadas. O perigo

Inibição, sintoma e medo – XI

é conhecido e real, mas o medo dele é excessivamente grande, maior do que poderia ser segundo nosso juízo. Nesse excesso revela-se o elemento neurótico. Mas esses casos não trazem nada de novo em princípio. A análise mostra que ao perigo real conhecido se liga um perigo impulsional não reconhecido.

Faremos mais um avanço se tampouco nos contentarmos com a remissão do medo ao perigo. Qual é o cerne, o significado da situação de perigo? Evidentemente, a avaliação de nossa força em comparação com seu tamanho, a admissão de nosso desamparo frente a ela, do desamparo material no caso do perigo real e do desamparo psíquico no caso do perigo impulsional. Nosso juízo é guiado aí por experiências realmente feitas; se ele se enganar em sua apreciação, isso é indiferente para o resultado. Chamemos de *traumática* tal situação vivenciada de desamparo; temos então uma boa razão para separar a situação traumática da *situação de perigo*.

Um progresso importante em nossa autopreservação se dá quando não ficamos esperando tal situação traumática de desamparo acontecer, mas quando tratamos de antecipá-la, de ficar na expectativa. A situação que contém a condição de tal expectativa será chamada de situação de perigo, e nela é dado o sinal de medo. Isso quer dizer: tenho a expectativa de que surgirá uma situação de desamparo, ou a situação presente me lembra uma das vivências traumáticas experimentadas anteriormente. Por isso antecipo esse trauma e quero me comportar como se já estivesse aí enquanto ainda há tempo de afastá-lo. O medo é portanto, por um lado, expectativa do trauma; por outro lado, uma repetição atenuada dele. As duas características que nos chamaram a atenção no medo têm, assim, origem diferente. Sua relação com a expectativa faz parte da situação de perigo; sua indeterminação e ausência de objeto, à situação traumática de desamparo, que é antecipada na situação de perigo.

Após o desenvolvimento da série medo-perigo--desamparo (trauma), podemos resumir: a situação de perigo é a situação de desamparo reconhecida, recordada, aguardada. O medo é a reação original ao desamparo no trauma, que então é reproduzida mais tarde na situação de perigo como sinal de socorro. O eu que vivenciou o trauma passivamente agora repete ativamente uma reprodução atenuada dele, na esperança de poder dirigir seu curso de maneira independente. Sabemos que a criança se comporta da mesma forma em relação a todas as impressões que lhe são desagradáveis, reproduzindo-as na brincadeira; mediante esse modo de passar da passividade à atividade, ela busca dominar psiquicamente suas impressões de vida.[25] Se

---

25. Com relação a essa capacidade elaboradora da brincadeira, ver *Além do princípio do prazer*, segundo capítulo. (N.R.)

esse fosse o sentido de uma "ab-reação" do trauma, nada mais se poderia objetar a tal ideia. Porém, o decisivo é o primeiro deslocamento da reação de medo, de sua origem na situação de desamparo à expectativa dessa situação, a situação de perigo. Seguem-se então os outros deslocamentos, do perigo à condição do perigo, bem como a perda do objeto e suas já mencionadas modificações.

Quando se "mima" uma criança pequena, a consequência indesejada é que o perigo da perda do objeto – o objeto como proteção contra todas as situações de desamparo – ultrapassa todos os outros perigos. Dessa forma se favorece a permanência na infância, caracterizada tanto pelo desamparo motor quanto psíquico.

Até agora não tivemos ocasião de considerar o medo real de maneira diferente do medo neurótico. Conhecemos a diferença; a ameaça do perigo real provém de um objeto externo, e a do perigo neurótico, de uma exigência impulsional. Na medida em que essa exigência impulsional seja algo real, o medo neurótico também pode ser reconhecido como realmente fundamentado. Compreendemos que a aparência de uma relação especialmente íntima entre o medo e a neurose se deve ao fato de o eu, com ajuda da reação de medo, se defender do perigo impulsional da mesma maneira que do perigo real externo, mas que essa orientação da atividade defensiva desemboca na neurose em consequência de uma imperfeição do aparelho psíquico. Também adquirimos a convicção de que muitas vezes a exigência impulsional só se transforma em perigo (interno) porque sua satisfação causaria um perigo externo, ou seja, porque esse perigo interno representa um externo. Por outro lado, o perigo (real) externo também deve ter encontrado uma interiorização para se tornar significativo para o eu; ele deve ser reconhecido em sua relação com uma situação vivenciada de desamparo.[26] O ser humano não parece ter sido munido, ou o foi apenas numa proporção muito modesta, de um conhecimento instintivo dos perigos que ameaçam de fora. As crianças pequenas fazem sem cessar coisas que as colocam em risco de morte, e justamente por isso não podem prescindir do objeto protetor. Na relação com a situação traumática frente à qual se está desamparado, coincidem o perigo externo e o interno, o perigo real e a exigência impulsional. Pode ser que num caso o eu vivencie uma dor que não quer cessar; em outro, um acúmulo de necessidades que não pode encontrar satisfação; a situação econômica é a mesma em ambos,

---

26. Pode acontecer com bastante frequência que numa situação de perigo corretamente avaliada como tal junte-se ao medo real uma parcela de medo impulsional. A exigência impulsional de cuja satisfação o eu recua apavorado seria então uma exigência masoquista, o impulso destrutivo voltado contra a própria pessoa. Talvez esse acréscimo esclareça o caso em que a reação de medo é exagerada e inadequada, paralisante. As fobias de altura (janela, torre, abismo) poderiam ter essa origem; seu significado feminino secreto se aproxima do masoquismo.

e o desamparo motor encontra sua expressão no desamparo psíquico.

As enigmáticas fobias da primeira infância merecem ser mencionadas mais uma vez. Pudemos compreender algumas delas – as fobias de ficar sozinho, do escuro, de pessoas estranhas – como reações ao perigo da perda do objeto; para outras – de pequenos animais, trovoadas etc. – talvez se ofereça a saída de que elas sejam os restos atrofiados de uma preparação congênita para os perigos reais, tão claramente desenvolvida em outros animais. Para o ser humano, apenas é adequada a parcela dessa herança arcaica que se refere à perda do objeto. Quando tais fobias infantis se fixam, tornam-se mais fortes e perduram até anos posteriores, a análise demonstra que seu conteúdo se ligou com exigências impulsionais, que ele também se transformou em representante de perigos internos.

C

Medo, dor e luto

Há tão pouca coisa disponível sobre a psicologia dos processos emocionais que as tímidas observações a seguir têm direito de reivindicar um julgamento dos mais indulgentes. O problema se coloca para nós no ponto a seguir. Tivemos de dizer que o medo se torna a reação ao perigo da perda do objeto. Mas já conhecemos uma reação desse tipo à perda do objeto; trata-se do luto. Assim, quando o resultado é um e quando é outro? No luto, com o qual já nos ocupamos antes[27], há um traço que ficou inteiramente incompreendido, a sua natureza particularmente dolorosa. Apesar disso, parece-nos óbvio que a separação do objeto seja dolorosa. Assim o problema se complica ainda mais: quando a separação do objeto causa medo, quando causa luto e quando talvez apenas dor?

Digamos logo de uma vez que não há perspectiva de dar resposta a essas perguntas. Vamos nos contentar em encontrar algumas delimitações e algumas indicações.

Que o nosso ponto de partida seja novamente uma situação que acreditamos compreender, a do lactente que, em vez de sua mãe, vê uma pessoa estranha. Ele demonstra o medo que interpretamos como relacionado ao perigo da perda do objeto. Mas esse medo provavelmente é mais complicado e merece uma discussão mais pormenorizada. É verdade que não há dúvida quanto ao medo sentido pelo lactente, mas a expressão facial e a reação de choro permitem supor que, além disso, ele ainda sente dor. Parece que em seu caso confluem algumas coisas que mais tarde serão separadas. Ele ainda não consegue diferenciar a ausência temporária da perda permanente; se em dado momento não vê mais a

---

27. Ver "Luto e melancolia".

mãe, ele se comporta como se nunca mais fosse vê-la, e são necessárias repetidas experiências consoladoras até que tenha aprendido que depois desse sumiço da mãe costuma se seguir o reaparecimento. A mãe amadurece esse conhecimento tão importante para ele fazendo a tão conhecida brincadeira de esconder o rosto e, para alegria dele, mostrá-lo outra vez. Então ele pode, por assim dizer, sentir uma saudade que não é acompanhada por desespero.

A situação em que ele sente falta da mãe não é para ele, em consequência de seu equívoco, uma situação de perigo, e sim uma situação traumática; ou, mais corretamente, ela é traumática se nesse momento ele sente uma necessidade que a mãe deve satisfazer; ela se transforma em situação de perigo se essa necessidade não for atual. A primeira condição de medo, que o próprio eu introduz, é portanto a da perda da percepção, equiparada à da perda do objeto. Uma perda do amor ainda não entra em conta. Mais tarde a experiência ensina que o objeto pode continuar presente, mas pode ter se aborrecido com a criança, e então a perda do amor por parte do objeto se transforma em um novo perigo e uma nova condição de medo, muito mais duradouros.

A situação traumática que consiste em sentir a falta da mãe se afasta num ponto decisivo da situação traumática do nascimento. Nessa ocasião, não havia qualquer objeto presente cuja falta pudesse ser sentida. O medo foi a única reação que se produziu. Desde então, repetidas situações de satisfação criaram o objeto da mãe, que agora, em caso de necessidade, experimenta um investimento intenso, que caberia chamar de "saudoso". Cabe relacionar a reação de dor com essa inovação. A dor é portanto a genuína reação à perda do objeto, o medo é a reação ao perigo que essa perda traz consigo e, num deslocamento posterior, ao próprio perigo da perda do objeto.

Também sabemos muito pouco sobre a dor. O único conteúdo seguro é dado pelo fato de a dor – em primeiro lugar e via de regra – surgir quando um estímulo que afeta a periferia rompe os dispositivos da proteção contra estímulos e passa a atuar como um estímulo impulsional contínuo, frente ao qual permanecem impotentes as ações musculares normalmente eficazes que afastam do estímulo a área estimulada. Se a dor não parte de um lugar da pele, mas de um órgão interno, isso não muda nada na situação; apenas uma parte da periferia interna tomou o lugar da externa. Evidentemente, a criança tem ocasião de passar por tais vivências dolorosas que são independentes de suas vivências de necessidade. Porém, essa condição de surgimento da dor parece ter muito pouca semelhança com uma perda de objeto; além disso, na situação de saudade da criança está completamente ausente o fator da estimulação periférica, essencial para a dor. E, no entanto, não pode ser desprovido de sentido que a linguagem tenha criado o conceito da dor interior, da dor da alma, e equipare plenamente as sensações da perda do objeto à dor física.

No caso da dor física surge um elevado investimento, que cabe chamar de narcísico, da área dolorida do corpo, investimento que aumenta cada vez mais e, por assim dizer, age de maneira esvaziadora sobre o eu. É sabido que nas dores dos órgãos internos adquirimos noções espaciais, e outras noções de tais partes do corpo, que normalmente não encontram representante algum na faculdade ideativa consciente. Também o fato notável de as mais intensas dores físicas não surgirem (aqui não é lícito dizer: permanecerem inconscientes) quando há uma distração psíquica por outro interesse encontra sua explicação no fato da concentração do investimento no representante psíquico da região dolorida do corpo. Parece que é nesse ponto que se encontra a analogia que permitiu a transferência da sensação de dor para o âmbito psíquico. O intenso e, em consequência de sua insaciabilidade, sempre crescente investimento saudoso do objeto que falta (perdido) cria as mesmas condições econômicas que o investimento de dor da parte ferida do corpo, tornando possível desconsiderar o condicionamento periférico da dor física! A passagem da dor física à psíquica corresponde à mudança do investimento narcísico ao objetal. A representação de objeto altamente investida pela necessidade desempenha o papel da parte do corpo investida pelo aumento de estímulos. A continuidade e a natureza não inibível do processo de investimento produzem o mesmo estado de desamparo psíquico. Se a sensação desprazerosa que então surge, em vez de se manifestar na forma de reação do medo, ostenta o caráter específico da dor, que não admite ser descrito com mais detalhes, é natural responsabilizar por isso um fator até agora muito pouco reclamado pela explicação: o elevado nível das proporções de investimento e de ligação em que se consumam esses processos que levam à sensação de desprazer.

Conhecemos ainda uma outra reação emocional à perda do objeto, o luto. Mas o seu esclarecimento não oferece mais qualquer dificuldade. O luto surge sob a influência da prova de realidade, que exige categoricamente que a pessoa se separe do objeto porque ele não existe mais. O trabalho que o luto tem a cumprir é o de praticar essa retirada do objeto em todas as situações em que ele era alvo de elevado investimento. O caráter doloroso dessa separação adéqua-se então ao que acabamos de explicar através do elevado e irrealizável investimento saudoso do objeto durante a reprodução das situações em que a ligação a ele deve ser desfeita.

Bibliografia*

Adler, A. *Studie über Minderwertigkeit von Organen* [*Estudo sobre a inferioridade de órgãos*]. Berlim e Viena, 1907. (135)

Ferenczi, S. "Zur Psychoanalyse von Sexualgewohnheiten" ["Sobre a psicanálise dos hábitos sexuais"]. *Int. Z. Psychoanal.*, vol. 11, p. 6, 1925. (118)

Freud, Sigmund. "Die Abwehr-Neuropsychosen" ["As neuropsicoses de defesa"]. 1894 *a*. (*Gesammelte Werke*, vol. 1, p. 59) (154)

_____. "Über die Berechtigung, von der Neurasthenie einen bestimmten Symptomenkomplex als 'Angstneurose' abzutrennen" ["Sobre a justificação de separar da neurastenia um determinado complexo de sintomas sob a forma de 'neurose de angústia'"]. 1895 *b*. (*Gesammelte Werke*, vol. 1, p. 315; *Studienausgabe*, v. 6, p. 25) (51)

_____. "Analyse der Phobie eines fünfjährigen Knaben" ["Análise da fobia de um menino de cinco anos"]. 1909 *b*. (*GW*, vol. 7, p. 243; *SA*, vol. 8, p. 9) (63-77, 97-101)

_____. "Die Disposition zur Zwangsneurose" ["A predisposição à neurose obsessiva"]. 1913 *i*. (*GW*, vol. 8, p. 442; *SA*, vol. 7) (83)

_____. "Trauer und Melancholie" ["Luto e melancolia"]. 1917 *e*. (*GW*, vol. 10, p. 428; *SA*, vol. 3) (164)

---

* Os números entre parênteses ao final de cada entrada indicam a(s) página(s) em que a obra é mencionada neste livro. As obras de Freud estão ordenadas cronologicamente.

_____. "Aus der Geschichte einer infantilen Neurose" ["Da história de uma neurose infantil"]. 1918 *b*. (*GW*, vol. 12, p. 29; *SA*, vol. 8, p. 125) (68-77, 97-101)

_____. *Das Ich und das Es* [*O eu e o isso*]. 1923 *b*. (*GW*, vol. 13, p. 237; *SA*, vol. 3) (55, 148-151)

_____. "Der Untergang des Ödipuskomplexes" ["O declínio do complexo de Édipo"]. 1924 *d*. (*GW*, vol. 13, p. 395; *SA*, vol. 5) (124)

_____. "Einige psychische Folgen des anatomischen Geschlechtsunterschieds" ["Algumas consequências psíquicas da diferença anatômica entre os sexos"]. 1925 *j*. (*GW*, vol. 14, p. 19; *SA*, vol. 5) (125)

LAFORGUE, R. "Verdrängung und Skotomisation" ["Recalcamento e escotomização"]. *Int. Z. Psychoanal.*, vol. 12, p. 54, 1926. (147)

RANK, O. *Das Trauma der Geburt* [*O trauma do nascimento*]. Viena, 1924. (114-116, 136-139)

REIK, T. *Geständniszwang und Strafbedürfnis* [*Compulsão à confissão e necessidade de punição*]. Leipzig, Viena e Zurique, 1925. (88)

Colaboradores desta edição

RENATO ZWICK é bacharel em filosofia pela Unijuí e mestre em letras (língua e literatura alemã) pela USP. É tradutor de Nietzsche (*O anticristo*, L&PM, 2008; *Crepúsculo dos ídolos*, L&PM, 2009; e *Além do bem e do mal*, L&PM, 2008), de Rilke (*Os cadernos de Malte Laurids Brigge*, L&PM, 2009), de Freud (*O futuro de uma ilusão*, 2010; *O mal-estar na cultura*, 2010; *A interpretação dos sonhos*, 2012; *Totem e tabu*, 2013; *Psicologia das massas e análise do eu*, 2013; *Compêndio de psicanálise*, 2014, todos publicados pela L&PM Editores) e de Karl Kraus (*Aforismos*, Arquipélago, 2010), e cotradutor de Thomas Mann (*Ouvintes alemães!: discursos contra Hitler (1940-1945)*, Jorge Zahar, 2009).

MÁRCIO SELIGMANN-SILVA é doutor pela Universidade Livre de Berlim, pós-doutor por Yale, professor titular de Teoria Literária na UNICAMP e pesquisador do CNPq. É autor de *Ler o livro do mundo* (Iluminuras/FAPESP, 1999; prêmio Mario de Andrade/Biblioteca Nacional), *Adorno* (PubliFolha, 2003), *O local da diferença* (Editora 34, 2005; prêmio Jabuti 2006) e *Para uma crítica da compaixão* (Lumme, 2009), além de organizador de diversas obras, como *Leituras de Walter Benjamin* (Annablume/

FAPESP, 1999) e *A obra de arte na era de sua reprodutibilidade técnica*, de Benjamin (L&PM, 2014). Traduziu obras de Lessing (*Laocoonte*, Iluminuras, 1998), Benjamin (*O conceito de crítica de arte no romantismo alemão*, Iluminuras, 1993) e Habermas, entre outros.

PAULO ENDO é psicanalista e professor do Instituto de Psicologia da USP, com mestrado pela PUC-SP, doutorado pela USP e pós-doutorado pelo Centro Brasileiro de Análise e Planejamento/CAPES. É pesquisador-colaborador do Laboratório de Pesquisa em Psicanálise, Arte e Política da UFRGS e do Laboratório Interdisciplinar de Pesquisa e Intervenção Social da PUC-Rio. É autor de *A violência no coração da cidade* (Escuta/Fapesp, 2005; prêmio Jabuti 2006) e *Sigmund Freud* (com Edson Sousa; L&PM, 2009), e organizador de *Novas contribuições metapsicológicas à clínica psicanalítica* (Cabral Editora, 2003).

EDSON SOUSA é psicanalista, membro da Associação Psicanalítica de Porto Alegre. É formado em psicologia pela PUC-RS, com mestrado e doutorado pela Universidade de Paris VII, e pós-doutorado pela Universidade de Paris VII e pela École des Hautes Études en Sciences Sociales de Paris. Pesquisador do CNPq, leciona como professor titular do Departamento de Psicanálise e Psicopatologia e no Pós-graduação em Psicanálise: Clínica e Cultura da UFRGS, onde também coordena, com Maria Cristina Poli, o Laboratório de Pesquisa em Psicanálise, Arte e Política. É autor de *Freud* (Abril, 2005), *Uma invenção da utopia* (Lumme, 2007) e *Sigmund Freud* (com Paulo Endo; L&PM, 2009), além de organizador de *Psicanálise e colonização* (Artes e Ofícios, 1999) e *A invenção da vida* (com Elida Tessler e Abrão Slavutzky; Artes e Ofícios, 2001).

lepmeditores
www.lpm.com.br
o site que conta tudo

IMPRESSÃO:

PALLOTTI
GRÁFICA

Santa Maria - RS | Fone: (55) 3220.4500
www.graficapallotti.com.br